INHALT

Einleitung

Mit diesem Buch erhalten Sie einen Einblick in den staatlichen und politischen Aufbau der B R D. In kurzen, aussagefähigen Kapiteln erhalten Sie die Grundlagen, um den politischen Alltag und die demokratischen Prinzipien in diesem Land zu verstehen. Lassen Sie sich die Institutionen der parlamentarischen Demokratie und deren Funktionen einfach, aber verständlich näherbringen. Sie erhalten Informationen zur Verfassung der Bundesrepublik Deutschland und warum die Inhalte dieser Verfassung für ein / Ihr freies Leben in diesem Land so wichtig sind.

Erläuterungen zu den politischen Führungspositionen, zu Machtverhältnissen, zu vielen unterschiedlichen Möglichkeiten einer Mitbestimmung, zu den Parteien,

Bürgerinitiativen, Interessengruppen und dem Zusammenwirken zwischen Bund, Ländern und Gemeinden runden die Gesamtinformation ab.

Lassen Sie sich vielleicht auch davon überzeugen, zukünftig politisch aktiv zu werden und bei der Durchsetzung politischer Entscheidungen mitzuwirken.

Julius Tolzwart

Deutschland, eine Demokratie

GESCHICHTLICHE FAKTEN

Betrachten Sie aus heutiger Sicht die Gründung der Bundesrepublik Deutschland, werden Sie feststellen, dass viele entscheidende Ereignisse der Vergangenheit für die Basis unserer heutigen Demokratie und des Rechtsstaates verantwortlich sind.

Für das erste entscheidende Ereignis müssen Sie schon weit zurückblicken. In den 40ger Jahren des 19. Jahrhunderts, bestimmten große wirtschaftliche Missstände und eine extreme Bevölkerungsarmut, das ordentliche Leben in ganz Europa. Politisch entwickelte sich in mehreren Staaten Europas eine starke, revolutionäre Unzufriedenheit. Auch im damaligen Deutschen Reich wurden die Forderungen nach Grundrechten immer heftiger. Im Jahr 1848 stimmten schlussendlich die

Machthaber in den Einzelstaaten Deutschlands, der Forderung der Bevölkerung, nach Einführung umfassender Freiheitsrechte und für die Bildung eines deutschen Nationalstaates zu. Am 18. Mai 1848 trat in der Paulskirche zu Frankfurt / Main das erste deutsche Parlament, die Nationalversammlung, zusammen. Die Mitglieder der Nationalversammlung berieten u. a. über folgende Themen:

- Bildung eines deutschen Nationalstaates
- Ausarbeitung einer freiheitlichen Verfassung
- Festlegung einer parlamentarischen Geschäftsordnung

Zum ersten Präsidenten der Nationalversammlung wurde Heinrich von Gagern (*20.08.1799 – †22.05.1880) gewählt. Allerdings verlor die Nationalversammlung sehr schnell den Rückhalt in der Bevölkerung und löste sich bereits Ende Mai 1849 wieder auf. Trotzdem betrachten Historiker mittlerweile das Datum 18. Mai 1848 als das ursprüngliche Gründungsdatum des heutigen Deutschlands.

Wiedererstarkte monarchische Kräfte bestimmten bis auf Weiteres das politische Leben in Deutschland. Erst später, am 18. Januar 1871 wurden die deutschen Einzelstaaten mit der Gründung eines deutschen Kaiserreiches und der Wahl des preußischen Königs Wilhelm I zum deutschen Kaiser, ein weiteres Mal gebündelt. Die politisch einflussreichste Kraft in diesem Kaiserreich war aber nicht Wilhelm I, sondern vielmehr der neue Reichskanzler Otto von Bismarck (*01.04.1815 – †30.07.1898). Bis in das Jahr 1890 prägte Otto von Bismarck die Innen- und Außenpolitik des Deutschen Kaiserreiches. Dabei war eine der wichtigsten Entscheidungen Otto von Bismarcks, die Einführung umfassender Sozialversicherung in den Jahren 1883 – 1889.

Jahr der Einführung	**Art der Sozialversicherung**
1883	Krankenversicherung
1884	Unfallversicherung
1889	Invaliditätsversicherung
1889	Altersversicherung

Diese Grundlagen einer Sozialversicherung bilden noch heute die Basis der Sozialpolitik innerhalb der Bundesrepublik Deutschland. Ergänzt wurde diese sozialpolitische Basis durch die Einführung einer Arbeitslosenversicherung und der Gründung einer staatlichen Arbeitsvermittlung im Juli 1927.

Mit der Machtübernahme der Nationalsozialistischen Deutschen Arbeiterpartei (NSDAP) im Jahre 1933 wurden allerdings diese sozialen Mechanismen wieder vernachlässigt.

Doch bereits mit Ende des 2. Weltkrieges am 08. Mai 1945 wurde von den damaligen vier Besatzungsmächten an dem Neuaufbau Deutschlands gearbeitet. Die Sozialpolitik sollte dabei wieder Bestandteil des neuen deutschen Staates werden. Doch die unterschiedlichen politischen Interessen der Siegermächte führten schlussendlich nicht zu einer gemeinsamen Lösung. So übergaben die militärischen Führungen der Besatzungsmächte Frankreich, Großbritannien und den Vereinigten Staaten von Amerika, den inzwischen eingesetzten westdeutschen Ministerpräsidenten der Länder den Auftrag, die Grundlagen eines neuen westdeutschen Staatsgebilde zu erarbeiten. Für die sowjetische Besatzungszone wurde ein eigenes Konzept erarbeitet.

Am 23. Mai 1949 wurde dann aus den drei westlichen Besatzungszonen die Bundesrepublik Deutschland (B R D) gegründet. Am 7. Oktober 1949 folgte die Gründung der Deutschen Demokratischen Republik (DDR) aus der sowjetischen Besatzungszone. Zum ersten Bundeskanzler der B R D wurde am 15. September Konrad Adenauer gewählt. Zum ersten Präsidenten der DDR wurde am 11. Oktober 1949 Wilhelm Pieck gewählt. Nach der Ära Pieck, übernahm die politische Führung der jeweilig aktuelle Staatsratsvorsitzende.

Bis in das Jahr 1990 sollten damit zwei souveräne deutsche Staaten nebeneinander bestehen. Der unrühmliche Höhepunkt im Nebeneinander beider Staaten erfolgte mit dem Bau der Berliner Mauer und den Grenzbefestigungen (Staatsgrenze West) am 13. August 1961.

In beiden Staaten wurden grundlegend unterschiedliche Wirtschaftssysteme betrieben. Während die B R D eine soziale Marktwirtschaft einführte, setzte die DDR auf eine staatlich organisierte Planwirtschaft. Allerdings entwickelten sich diese Systeme wirtschaftlich sehr unterschiedlich. Während in der B R D die Wirtschaft boomte, erreichte die DDR lediglich eine unzureichende Entwicklung. Dies führte schließlich zu Beginn der 50ger Jahre zu einer Unzufriedenheit unter der Bevölkerung und fand seinen Höhepunkt im Volksaufstand vom 17. Juni 1953. Diese Unzufriedenheit in der Bevölkerung konnte die DDR – Führung nie beseitigen. Erneute Demonstrationen im Herbst 1989 sorgten dann für das politische Ende der DDR.

Die Wiedervereinigung zweier deutscher Staaten wurde am 3. Oktober 1990, nach 45 Jahren der Trennung, vollzogen!

INFORMATIONEN ZUM GRUNDGESETZ DER B R D

Im Jahre 1948 wurden die westdeutschen Ministerpräsidenten durch die Besatzungsmächte Vereinigte Staaten, Großbritannien und Frankreich ermächtigt, für den westdeutschen Teil Deutschlands, eine Verfassung zu erarbeiten. Diese Verfassung sollte folgende Forderungen erfüllen:

- die Staatsform sollte demokratisch aufgebaut sein
- diese demokratische Staatsform sollte föderalistische Grundzüge beinhalten
- die Bürger sollten mit persönlichen Grundrechten ausgestattet sein.

Am 23. Mai 1949 wurde das Grundgesetz der B R D verkündet und am folgenden Tag in Kraft gesetzt. Da unabhängige Staaten eigentlich eine Verfassung als Basis einer staatlichen Grundordnung einführen, Deutschland aber zu diesem Zeitpunkt noch kein umfassender Staatenbund war, vermied man den eigentlich politisch korrekten Ausdruck „Verfassung“. Gleichzeitig hegte man aber die Hoffnung, auf eine baldige Wiedervereinigung zwischen West und Ost. Im Jahre 1989-1990, bei den Verhandlungen zur Wiedervereinigung wurde dann allerdings beschlossen, dass die DDR mit einem

Einigungsvertrag dem bestehenden Grundgesetz der B R D beitreten sollte. Dadurch musste keine neue Verfassung entwickelt werden. Nachfolgend eine Aufstellung der 146 Artikel des Grundgesetzes.

„*ZITAT – ANFANG*

1 - 19	*Die Grundrechte*
20 - 37	*Der Bund und die Länder*
38 - 49	*Der Bundestag*
50 – 53	*Der Bundesrat*
53a	*Gemeinsamer Ausschuss*
54 – 61	*Der Bundespräsident*
62 – 69	*Die Bundesregierung*
70 – 82	*Die Gesetzgebung des Bundes*
83 - 91	*Die Ausführung der Bundesgesetze und die Bundesverwaltung*
91a – 91e	*Gemeinschaftsaufgaben, Verwaltungszusammenarbeit*
92 - 104	*Die Rechtsprechung*
104a - 115	*Das Finanzwesen*
115a - l	*Verteidigungsfall*
116 - 146	*Übergangs- und Schlussbestimmungen*

ZITAT – SCHLUSS“

Die wichtigen, persönlichen Grundrechte eines jeden Bürgers finden sich im Grundgesetz unter den

Artikeln 1 – 19 wieder. Nachfolgend einige Auszüge:

„*ZITAT - ANFANG*

Artikel 1, Absatz 1:

Die Würde des Menschen ist unantastbar. Sie zu achten und zu schützen ist Verpflichtung aller staatlichen Gewalt.

Artikel 1, Absatz 2:

Das deutsche Volk bekennt sich darum zu unverletzlichen und unveräußerlichen Menschenrechten als Grundlage jeder menschlichen Gemeinschaft, des Friedens und der Gerechtigkeit in der Welt.

Artikel 1, Absatz 3:

Die nachfolgenden Grundrechte binden Gesetzgebung, vollziehende Gewalt und Rechtsprechung als unmittelbar geltendes Recht.

Artikel 2, Absatz 1:

Jeder hat das Recht auf die freie Entfaltung seiner Persönlichkeit............ff

Artikel 3, Absatz 1:

Alle Menschen sind vor dem Gesetz gleich.

Artikel 3, Absatz 2:

Männer und Frauen sind gleichberechtigt...............ff

Artikel 3, Absatz 3:
Niemand darf wegen seines Geschlechtes, seiner Abstammung, seiner Rasse, seiner Sprache, seiner Heimat und Herkunft, seines Glaubens, seiner religiösen oder politischen Anschauungen benachteiligt oder bevorzugt werden. Niemand darf wegen seiner Behinderung benachteiligt werden.

Artikel 4, Absatz:
Die Freiheit des Glaubens, des Gewissens und die Freiheit des religiösen und weltanschaulichen Bekenntnisses sind unverletzlich.

Artikel 5, Absatz 1:
Jeder hat das Recht, seine Meinung in Wort, Schrift und Bild frei zu äußern und zu verbreiten ………………ff
ZITAT - SCHLUSS "

Vermutlich werden Sie sich jetzt zu einem Gesetz, dass vor über 70 Jahren verabschiedet wurde, folgende Fragen stellen:

- Ist dieses Gesetz heutzutage noch auf dem neuesten Stand?
- Kann es bzw. müsste es nicht mittlerweile auch geändert werden?

Die Antworten zu beiden Fragen lauten: **„JA"** und **„Es wurde".**

Das Grundgesetz hat, soweit es die persönlichen Grundrechte des Menschen, die in den Artikeln 1 – 19 niedergelegt sind, bis zum heutigen Tag nichts an Gültigkeit verloren. Das betrifft u. a. den Schutz der Würde eines Menschen, demokratische Grundprinzipien und den Bestand des Sozial- und Rechtsstaates.

Aber es ist auch durchaus möglich, Gesetze oder einzelne Passagen zu ändern, wenn es eine dringende Notwendigkeit dafür gibt. Seit 1949 wurde dies auch mehr als 50 Mal umgesetzt. Allerdings sind die Hürden dafür sehr hoch. Benötigt werden für eine Änderung:

- die Stimmen von 2 Dritteln der Abgeordneten des deutschen Bundestages
- die Stimmen von 2 Dritteln der Stimmen der Mitglieder des Bundesrates

Diese Hürden können also nur mit einer Mehrheit aus Regierung und Opposition bewältigt werden. Um aber zu verhindern, dass Regierungsparteien einer großen Koalition mit ihrer Mehrheit die Gesetzeslage verändern können, ist eben auch die entsprechende Mehrheit im Bundesrat (Länderkammer) nötig. Hier besitzen die kleineren Parteien die Möglichkeit, eine Grundgesetzänderung zu stoppen.

Bedeutende Verfassungsänderungen seit 1949 waren z. B.:

- 1953 Einführung der Fünf-Prozent-Klausel in das deutsche Wahlrecht
- 1956: Die Wiederbewaffnung der neu gegründeten Bundeswehr
- 1968: Die Notstandsgesetze für den Krisenfall
- 1969: Die Finanzreform (Neuordnung der Steuereinnahmen und dem Finanzausgleich zwischen Bund und Ländern)
- 1972: Änderung des Bundeswahlgesetzes. Wahlberechtigung mit 18 Jahren
- 2006: Die Föderalismusreform

Im Zuge der deutschen Wiedervereinigung wurden weitere Verfassungsänderungen durchgeführt. Alle bezogen sich auf die Einbindung der neuen Bundesländer in die B R D und dem europäischen Staatenbund.

In der heutigen Zeit kommen aber Verfassungen der Länder Europas bzw. das Grundgesetz der B R D immer häufiger an ihre Grenzen.

Beispiele

1.) Im Juli 2016 wurde in Frankreich ein Gesetz verabschiedet, dass den Sicherheitskräften des Landes z. B. erlaubte, Durchsuchungen ohne richterliche Anordnung in Haus und Wohnung durchzuführen. Eine grobe Verletzung des Grundrechts, auf zu schützenden Wohnraum. So formulierten es jedenfalls mehrere französische Juristen. Der Grund für diese Gesetzesänderung waren die terroristischen Anschläge in Nizza und der dadurch ausgerufene Ausnahmezustand.

2.) Nach dem gescheiterten Militärputsch in der Türkei im Juli 2016 und dem Ausrufen des Ausnahmezustands, wurde dem regierenden Präsidenten Erdogan die Befugnis erteilt, Gesetze zu erlassen, die nicht vom gewählten Parlament autorisiert wurden. Auch in diesem Fall machten Juristen auf die Verletzung von Menschenrechten aufmerksam.

Wie Sie aus den Beispielen erkennen können, kann jede ausgearbeitete Verfassung im Falle des Ausnahmezustandes teilweise (oder auch ganz) eingeschränkt oder sogar ausgesetzt werden.

Gilt dies auch für das deutsche Grundgesetz?

Eine sehr interessante Frage! Sollten Sie aber jetzt denken, dass so etwas in Deutschland nicht möglich wäre, blicken wir noch einmal zurück auf das Jahr 1968 und die offizielle Ergänzung der deutschen Verfassung über ein Notstandsgesetz im Krisenfall.

Und genau heute, Anfang 2020, mit Bekämpfung der Corona-Pandemie, kommen auch in der B R D kritische Stimmen auf, die angeordnete Maßnahmen der Bundesregierung zur Eindämmung dieser Pandemie als verfassungswidrig bezeichnen.

- Ist ein Kontaktverbot ein Verstoß gegen die Persönlichkeitsrechte?
- Ist das Tragen eines Mundschutzes ein Verstoß gegen die persönliche Individualität?
- Ist das Kontaktverbot zu älteren Angehörigen in Pflegeheimen ein Verstoß gegen die Freizügigkeit?
- Ist eine angeordnete Quarantäne ebenfalls ein Verstoß gegen die Freizügigkeit?

Alles Fragen, die in den heutigen Tagen immer häufiger hitzig und kontrovers diskutiert werden. Theoretisch ist der Bruch eines Grundgesetzes nicht möglich. Gesetze über einen Ausnahmezustand bzw. Notstand lassen aber viel Spielraum zu und sorgen damit auch für kontroverse Diskussionen.

DAS RECHTSSTAATSPRINZIP IN DER B R D

Bevor wir auf diesen Punkt genauer eingehen, sollten wir zunächst einmal den Begriff „Rechtsstaat„ genauestens klären. Leider wird der Begriff „Rechtsstaat" heutzutage in der politischen Ausdrucksweise sehr unterschiedlich interpretiert. Besonders deutlich wird dies daran, dass mittlerweile selbst diktatorisch geführte Staaten den Begriff „Rechtsstaat" verwenden.

Definition Rechtsstaat

Der Begriff Rechtsstaat trifft bei Umsetzung folgender Gebote zu:

- Regierung und Verwaltung eines Staates dürfen nur nach bestehenden Gesetzen handeln.
- Die Grundrechte des Volkes müssen garantiert sein.
- Alle Entscheidungen staatlicher Institutionen müssen von unabhängigen Gerichten überprüft werden können.

Da die Bundesrepublik Deutschland alle diese Gebote nicht nur erfüllt, sondern auch als Basis-Prinzipien des Staates definiert, kann sie sich daher uneingeschränkt als Rechtsstaat bezeichnen. Im Grundgesetz der B R D ist der Status eines Rechtsstaates auch noch genauer in zwei Artikeln definiert. Dort ist folgendes vermerkt:

„ZITAT – ANFANG

Artikel 20, Absatz 1 – 4:

(1) „Die Bundesrepublik Deutschland ist ein demokratischer und sozialer Bundesstaat“.

(2) „Alle Staatsgewalt geht vom Volke aus. Sie wird vom Volke in Wahlen und Abstimmungen und durch besondere Organe der Gesetzgebung, der vollziehenden Gewalt und der Rechtsprechung ausgeübt“.

(3) „Die Gesetzgebung ist an die verfassungsmäßige Ordnung, die vollziehende Gewalt und die Rechtsprechung sind an Gesetz und recht gebunden“.

(4) „Gegen jeden, der es unternimmt, diese Ordnung zu beseitigen, haben alle Deutschen das Recht zum Widerstand, wenn andere Abhilfe nicht möglich ist“.

Artikel 28, Absatz 1:

(1) „Die verfassungsmäßige Ordnung in den Ländern muss den Grundsätzen des republikanischen, demokratischen und sozialen Rechtsstaates im Sinne dieses Grundgesetzes entsprechen.........ff“

ZITAT – SCHLUSS “

Damit wurde das Prinzip des Rechtsstaates fest im Grundgesetz der B R D hinterlegt.

Allgemein lässt sich das Rechtsstaatsprinzip in 6 Teilbegriffe gliedern:

1. Gewaltenteilung

Hierzu folgen nähere Erläuterungen unter Absatz 1.5.

2. Gesetzmäßigkeit

Dieser Begriff beschreibt den Vorrang des Gesetzes. Keine Behörde oder Verwaltung hat das Recht, sein Handeln ohne Grundlage auf ein beschlossenes Gesetz durchzuführen. Somit dürfen keine Maßnahmen erfolgen, die nicht gesetzlich begründet sind.

3. Grundsatz der Verhältnismäßigkeit

Dieser Grundsatz beschreibt die Forderung, dass Maßnahmen, die zur Durchführung eines öffentlichen Interesses angewandt werden, nicht nur erforderlich, sondern auch ausgewogen und geeignet sind. Maßnahme und Interesse müssen in einem adäquaten Verhältnis stehen.

4. Das Gebot der Bestimmtheit

Einfach ausgedrückt besagt dieses Gebot den Umstand, dass jedes Gesetz verständlich ist. Dies gilt insbesondere, wenn der Bürger mit strafrechtlichen Folgen zu rechnen hat, sollte er dieses Gesetz missachten. Sollte dies nicht deutlich erkennbar sein, könnte die Gefahr bestehen, dass der Staat in Willkür handeln könnte.

5. Rechtssicherheit

Mit diesem Begriff wird beschrieben, dass jede Bürgerin / jeder Bürger die Existenz von klar definierten und verlässlichen Gesetze und Normen erkennen kann. Im Zuge der Rechtssicherheit muss sich jeder Bürger nicht nur auf die geltenden Gesetze verlassen können, sondern auch einschätzen können, welche Folgen aus einer Nichtbeachtung resultieren können.

6. Vertrauensschutz (in Ergänzung zum Pkt. 5)

Die Bürgerin / der Bürger muss in die Lage versetzt sein, Vertrauen aufzubauen und zu erkennen, dass man in einem Rahmen aus vorhersehbaren und dauerhaften Gesetzen lebt.

7. Rechtsschutz

Hiermit wird beschrieben, dass jede Bürgerin / jeder Bürger zu jedem Zeitpunkt das Recht besitzt öffentliche Gerichte einzuschalten, um ein staatliches Handeln überprüfen zu lassen und damit keinen persönlichen Nachteil erfahren darf.

Nachfolgend ein Beispiel aus zum Thema Rechtsstaatsprinzip:

Auch für das Thema Freiheitsentzug müssen im Rechtsstaat klare Regeln bestehen. So darf zum Beispiel die Polizei zwar eine vorläufige Festnahme eines Bürgers vornehmen, muss ihn aber binnen 24 Stunden einem Richter vorführen. Ausschließlich ein Richter kann über einen weitergehenden Freiheitsentzug (Untersuchungshaft) entscheiden. Sollte sich dann ein Bürger weiterhin in Haft befinden, dürfen ihm dabei keine körperlichen bzw. seelische Misshandlungen beigefügt werden (Artikel 104 GG). Im Falle einer Gerichtsverhandlung steht jedem Angeklagten nicht nur ein faires Verfahren, sondern auch eine angemessene Verteidigung zu. Sondertribunale, wie in einigen Staaten üblich, sind nicht zulässig (Artikel 101 + 103 GG).

DIE DEMOKRATIE IN DEUTSCHLAND

Was bedeutet aber eigentlich das Wort Demokratie?

Sicherlich eine interessante Frage, mit der Sie sich vermutlich noch nie im Detail beschäftigt haben. Warum auch: Schließlich leben wir ja in einer Demokratie und nüchtern betrachtet doch auch nicht schlecht.

Wussten Sie aber, dass es verschiedene Arten von Demokratien gibt?

➢ **„Direkte (unmittelbare) Demokratie“**

Bei einer direkten Demokratie werden politische Entscheidungen direkt vom Volk getroffen. Der Wille des Volkes soll bei dieser Form möglichst eindeutig bestimmt werden. Die Ausführung der daraus entstehenden Entscheidung wird allerdings von staatlichen Behörden umgesetzt.

➢ **„Repräsentative Demokratie“**

Bei der repräsentativen Demokratie werden politische Entscheidungen nicht direkt vom Volk getroffen. Die Bürgerinnen und Bürger wählen stattdessen sogenannte Volksvertreter in ein Gremium, z. B. in ein Parlament. Die Volksvertreter werden in festgelegten Wahlrhythmen auf Zeit gewählt und fungieren quasi als Stellvertreter des Volkes. Über das Parlament werden dann Gesetze verabschiedet und somit der Wille der Bürgerinnen und

Bürger beschlossen.

➢ **„Plebiszitäre Demokratie"**

Diese Bezeichnung bezieht sich auf eine Mischform der beiden vorherigen Arten. Dabei können die politischen Entscheidungen sowohl über eine direkte Abstimmung („direkte Demokratie") als auch über eine parlamentarische Abstimmung („repräsentative Demokratie") entschieden werden.

In welche Art der Demokratie würden Sie jetzt die B R D eingruppieren?

Die B R D, gesamt betrachtet, ist eine repräsentative Demokratie. Allerdings gibt es in den einzelnen Bundesländern, unter bestimmten Bedingungen, die Möglichkeit einer direkten Demokratie. Dort können über Volks- und Bürgerentscheide oder Volksbegehren direkte Abstimmungen zu ausgewählten Themen durchgeführt werden.

DIE TEILUNG DER MACHT IN DER B R D

Die Gewaltenteilung ist Bestandteil der deutschen Demokratie und auch im Grundgesetz hinterlegt. Dabei wird die staatliche Macht folgende Funktionen / Mächten zugeteilt:

- die legislative (gesetzgebende) Macht
- die exekutive (vollziehende) Macht
- die judikative (rechtliche) Macht

Wer übt diese Funktionen / Mächte in der B R D aus?

- Die legislative Macht wird in der B R D durch den Bundestag ausgeübt!
- Die exekutive Macht wird in der B R D durch den Bundesrat ausgeübt!
- Die judikative Macht wird durch die Gerichte im Bund bzw. im Land ausgeübt!

Aufstellung der Machtverteilung in der B R D

Legislative Macht	Legislative Macht	Exekutive Macht	Judikative Macht
Bundesrat	Bundestag	Bundes-kanzler	Verfas-sungsge-richt
Länderre-gierung		Bundesmi-nister	Landgericht
Länderpar-lament			
Bevölkerung			

Worum geht es aber bei der Gewaltenteilung? Der Grundgedanke bei dieser Aufteilung liegt darin, dass sich alle 3 Mächte gegenseitig kontrollieren sollen und somit die staatliche Macht als einzelnes begrenzen können. Die Macht wird vor Missbrauch geschützt. Diese Idee ist nicht unbedingt neu. Schon Mitte des 18. Jahrhunderts wurden durch berühmte Philosophen, z. B. Charles de Montesquieu oder Immanuel Kant auf die Gefahren einer konzentrierten Alleinmacht durch Könige und Kaiser hingewiesen. Der „4. Präsident der Vereinigten Staaten, James Madison“, schrieb im Jahr 1787 folgenden Zeitungsartikel:

„ZITAT – ANFANG: *„Wenn die Menschen Engel wären, so brauchten sie keine Regierung. Wenn Engel über die Menschen herrschten, dann bedürfte es weder inneren noch äußeren Kontrollen der Regierenden. Entwirft man allerdings ein Regierungssystem, in dem Menschen über Menschen herrschen, dann besteht die große Schwierigkeit darin: es zuerst zur Herrschaft zu befähigen, und es dann darauf zu verpflichten, sich selbst unter Kontrolle zu halten. Die Abhängigkeit vom Volk ist zweifellos das allerbeste Mittel, staatlicher Macht Schranken zu setzen; aber die Menschheit hat gelernt, dass zusätzliche Vorkehrungen nötig sind.“* **ZITAT – SCHLUSS“**

Aufgrund der negativen Ereignisse der deutschen Geschichte in den Jahren 1933 – 1945, ist die heute im Grundgesetz verankerte Gewaltenteilung die wichtigste Maßnahme, um Machtkonzentrationen innerhalb des Staates zu verhindern und damit eine funktionierende Demokratie zu erhalten.

Das Parteienspektrum in der B R D

Jedes demokratische System ist ohne politische Parteien funktionslos. Parteien übernehmen im gesamten politischen Prozess dauerhaft oder zeitweise bestimmte Funktionen:

- Sie nehmen Einfluss auf politische Entschlüsse und Entscheidungen im Parlament bzw. Regierung.
- Sie geben dem Volk die Möglichkeit, im politischen System mitzuarbeiten.
- Sie geben dem Volk eine Plattform, um öffentlich eigene Meinungen kundzutun.
- Sie stellen Personen auf, die geeignet sind, die Interessen und Wünsche des Volkes im Parlament bzw. der

Regierung zu vertreten.

Ohne politische Parteien funktioniert kein demokratisches System!

ÜBERBLICK: LINKS, RECHTS ODER DOCH SCHWARZ-ROT

Parteien vertreten die unterschiedlichsten Interessen des Volkes und entwickeln dadurch eine politische Ausrichtung. Die Struktur einer Partei kann dabei sehr umfangreich sein. Menschen neigen allerdings dazu, die umfangreiche Strukturen mit einem „Schlagwort" zu benennen. Daraus resultieren heute einfache Bezeichnungen für politische Parteien. Die geläufigsten Bezeichnungen für demokratische Parteien sind dabei:

- Liberal
- Christdemokratisch
- Konservativ
- Sozialistische
- Sozialdemokratisch
- Grün
- Ökologisch
- Rechtspopulistisch

Diese Bezeichnungen bedeuten aber nicht, dass die

politische Ausrichtung ausschließlich von einer Partei wahrgenommen wird. Es können auch mehrere Parteien mit identischer politischer Ausrichtung aktiv sein.

Für die Bürgerinnen und Bürger sind allerdings die politischen Ausrichtungen der Parteien über ein anderes Medium verständlicher: ein Farbenspiel. Dabei wird die Ausrichtung einer politischen Partei über eine festgelegte Parteifarbe definiert. Die geläufigsten Parteifarben sind dabei:

- **Rot = für sozialdemokratische oder sozialistische Parteien**

Der Unterschied beider politischer Richtungen liegt in der Vision einer sozialen Staatspolitik. Die **sozialdemokratische** Politik ist marktwirtschaftlich ausgerichtet und beinhaltet dabei demokratische Grundwerte, z. B. Freiheit, Grundrechte und Gerechtigkeit. **Sozialistische** Politik dagegen vertrat früher ausschließlich die vom Staat gelenkte Planwirtschaft, verbunden mit einer autoritär geführten Staatsform, in der es keine Grund-, Menschenrechte und demokratische Wahlen gibt.

Heute verstehen sich Sozialisten als Sozialdemokraten, denen aber die klassischen politischen Ansichten nicht weit genug gehen.

Die bekanntesten deutschen Parteien dieser politischen Richtung sind:

➢ die **<u>S P D</u>** (Sozialdemokratische Partei Deutschlands) für die
sozialdemokratisch ausgeprägte Politikrichtung

➢ die **<u>Linke</u>** für die sozialistisch, demokratisch ausgerichtete Politikrichtung.

Diese Partei ist eine Nachfolgepartei der ehemaligen

- S E D = Sozialistische Einheitspartei Deutschlands (bis 1989 in der DDR)
- P D S = Partei des Demokratischen Sozialismus (ab 1990 – bis 2007 in der B R D)

➢ **<u>Grün = für ökologische oder grüne Parteien</u>**

Diese politische Richtung steht für die Erhaltung des menschlichen Lebensraums mit einer für die Umwelt schonenden Lebensweise. Sie ist ökologisch, ökonomisch und nachhaltig, mit dem Schwerpunkt Umweltschutz, ausgerichtet.

Die bekanntesten deutschen Parteien dieser politischen Richtung sind:

➢ die **<u>Bündnis 90/Die Grünen</u>** (kurz = Die Grünen)

➢ die **<u>Ö D P</u>** (Ökologisch-Demokratische Partei Deutschlands)

➢ **Schwarz = für konservative oder christdemokratische Parteien**

Die christdemokratische Richtung hat ihren Ursprung in dem christlichen Denken, das der Mensch Gottes Geschöpf ist und mit einer individuellen Würde ausgestattet ist. Er ist gleichberechtigt gegenüber anderen Menschen. Daraus wurden einige Kernpunkte dieser Politikrichtung entwickelt, die sich auf die Grundwerte eines Menschen stützen. Dazu gehören Selbstbestimmung, soziale Gerechtigkeit, Freiheit, Toleranz und Mitbestimmung. Die konservative Richtung unterscheidet sich dabei lediglich in einem historischen Hintergrund.
Diese Politik vertrat früher hauptsächlich den Adel.
Die bekanntesten deutschen Parteien dieser politischen Richtung sind:

➢ die **C D U** (Christlich Demokratische Union Deutschlands))
➢ die **C S U** (Christlich Soziale Union in Bayern)

Bitte beachten!
Beide Parteien werden als Schwesterparteien betitelt und pflegen seit Gründung der B R D eine gemeinsame Fraktion im Deutschen Bundestag. Die C S U ist nur im Bundesland Bayern aktiv, die C D U in allen restlichen Bundesländern.

- **Gelb = für liberale Parteien**

Diese politische Ausrichtung beinhaltet 4 Kernpunkte. Neben dem Recht auf eine Selbstbestimmung und einem freiheitlichen Auftreten gegenüber dem Staat, lebt diese Politik den Grundgedanken einer Selbstregulierung der Wirtschaft und das politische Macht nur eingeschränkt ausgeübt werden kann.

Die bekanntesten deutschen Parteien dieser politischen Richtung sind:

- die **F D P** (Freie Demokratische Partei)
- die **PIRATEN** (Piratenpartei Deutschland)

- **Blau = für rechtspopulistische Parteien**

Die politische Ausrichtung des Rechtspopulismus geht von einer Gesellschaft aus, die in zwei Gruppen aufgeteilt ist. Der guten Bevölkerung steht eine immer wieder bestechliche, korrupte Elite gegenüber. Es ähnelt ein wenig der Auseinandersetzung von Gut und Böse. Der Grad zum nationalistischen Gedankengut ist teilweise sehr schmal und durchaus erkennbar an einzelnen innerparteilichen Strömungen. Diese Strömungen werden teilweise vom Verfassungsschutz beobachtet.

Die bekanntesten deutschen Parteien dieser politischen Richtung sind:

- die **A F D** (Alternative für Deutschland)

- die **R E P** (Die Republikaner)

- **Braun = für nationalistische Parteien**

Diese politische Ausrichtung basiert größtenteils auf rassistischem Gedankengut, auf ausländerfeindlicher Gesinnung und dem Grundgedanken einer deutschen Rasse.

Diese Politik ist mit dem heutigen Grundgesetz nicht vereinbar. Deshalb unterliegen Parteien oder Gruppierungen mit dieser Ideologie der ständigen Überwachung durch den Verfassungsschutz oder sind mittlerweile in Deutschland verboten.

Die bekanntesten deutschen Parteien dieser politischen Richtung sind:

- die **N P D** („Nationaldemokratische Partei Deutschlands")
- **Pegida** („Patriotische Europäer gegen die Islamisierung des Abendlandes")

In der politischen Landschaft der B R D gibt es große Vielzahl von Parteien, die unterschiedlichste politische Richtungen verfolgen. Sie weisen auch sehr unterschiedliche Mitgliederzahlen aus. Die politische Arbeit dieser Parteien findet entweder im Deutschen Bundestag, aber auch in den Landtagen oder Bürgerschaften der einzelnen Bundesländer statt. Auch im Europaparlament sind sie vertreten, dort aber in Bündnissen mit anderen europäischen Parteien gleicher politischer Ausrichtung.

Nachfolgend die aktuell im Deutschen Bundestag vertretenden Parteien

(Stand: März 2020)

Partei	***Kürzel***	***Sitze im Bundestag***
Christlich Demokratische Union Deutschlands	*C D U*	*200*
Sozialdemokratische Partei Deutschlands	*S P D*	*152*
Bündnis 90 / Die Grünen	*Grüne*	*67*
Alternative für Deutschland	*A F D*	*89*
Die Linke	*Linke*	*69*
Freie Demokratische Partei	*F D P*	*80*
Christlich Soziale Union in Bayern	*C S U*	*46*

Neben den Bundestagsparteien sind in den Parlamenten der Bundesländer noch 3 weitere, allerdings sehr kleine Parteien vertreten.

Nachfolgend die aktuell in den Länderparlamenten vertretenden Parteien, zusätzlich zu den im Bundestag vertretenen Parteien

(Stand: März 2020)

Partei	***Kürzel***	***Landesparlament***	***Sitze***
Freie Wähler	*FREIE WÄHLER*	*Bayern*	*28*
Brandenburger Vereinigte Bürgerbewegungen/Freie Wähler	*B V B / FREIE WÄHLER*	*Brandenburg*	*5*
Südschleswiger Wählerverband	*SSW*	*Schleswig-Holstein*	*3*
Bürger in Wut	*B I W*	*Bremen*	*1*

Zur Vervollständigung der deutschen Parteienlandschaft folgt noch eine Aufstellung der Parteien, die über die Europawahl, neben den Parteien aus dem Bundestag, zusätzlich in das europäische Parlament eingezogen sind.

Nachfolgend die aktuell im Europaparlament vertretenden Parteien, zusätzlich zu den im Bundestag und in den Parlamenten der Bundesländer vertretenen Parteien

(Stand: März 2020)

Partei	*Kürzel*	*Sitze im Europaparlament*
Partei für Arbeit, Rechtsstaat, Tierschutz, Elitenförderung und basisdemokratische Initiative	*Die PARTEI*	*2*
Familien-Partei Deutschlands	*Familie*	*1*
Ökologisch-Demokratische Partei	*Ö D P*	*1*

Piratenpartei Deutschlands	*Piraten*	*1*
VOLT Deutschland	*Volt*	*1*

Eine zusätzliche Beschreibung der Parteien, neben einer farblichen Eingruppierung, ist die Einordnung auf einer geometrischen Achse. Die Enden dieser Achse werden mit rechts bzw. links bezeichnet. Auf dieser Achse werden die Parteien, gemäß ihrer ideologischen Ausrichtung einsortiert. Sicher haben Sie schon einmal in den Medien die Bezeichnungen **„Partei des rechten Spektrums"**, oder **„Linksorientierte Gruppierung"** oder **„Partei der demokratischen Mitte"** gelesen oder gehört. Inwieweit diese Eingruppierung korrekt ist, sei dahingestellt. Jede Partei hat schließlich mehrere Strömungen in sich vereint. Allerdings kann man eines feststellen, dass Koalitionen zwischen den Parteien im Regelfall leichter geschlossen werden, wenn die politische Richtung große Ähnlichkeiten aufweist.

Was bedeuten nun aber politischen Richtung?

Rechts:

Rechte Politik geht von der Individualität aller Menschen aus. Diese Eigenschaft wird höher bewertet, als eine soziale Gleichheit unter den Menschen. Verfechter der rechten Ideologie legen Wert auf geregelte Umgangsformen, fördern dabei die Autorität, die Disziplin und die Distanz unter den Menschen und bevorzugen alles national Ausgeprägte. Rechte Politik ist eher konservativ ausgeprägt. In der persönlichen Ansprache untereinander wird das „Sie" favorisiert.

Diese Form der Politik wird auch als konservativ bezeichnet.

Links:

Linke Politik strebt die Gleichberechtigung des Volkes, sowie die soziale Gerechtigkeit und einheitliche Grundwerte an. Linke Politik bedeutet auch Progressivität und Fortschritt.

In der persönlichen Ansprache untereinander wird allerdings eher das „Du" favorisiert.

Die extremen Ränder beider politischen Richtungen werden mit dem Zusatz „radikal" beschrieben, also „rechtsradikal" bzw. „linksradikal".

Mitte:

Es ist selbstredend, dass dieser Begriff auf der erwähnten geometrischen Achse zwischen „Rechts" und „Links" liegt. Allerdings nur deshalb, weil von allen Parteien dieser politische Standort unterschiedlich interpretiert wird. So bezeichnen sich die beiden Parteien C D U und S P D gerne als Parteien der Mitte. Das allein schon aus dem einfachen Grund, andere Parteien neben sich, Richtung rechten bzw. linken Rand zu drängen.

Aus der Mitte heraus, lässt sich eine umfangreichere Wählerschicht ansprechen!

KOALITIONEN

In der heutigen politischen Landschaft Deutschlands sind die Zeiten der Alleinregierung längst vorbei. Die Bildung einer schlagkräftigen Regierung ist ohne einen (oder mehreren) Partnern kaum noch möglich. Es muss dabei aber ein politischer Konsens in Form einer Regierungskoalition gefunden werden. In Koalitionsgesprächen werden Ziele festgelegt, ausgearbeitet und in einem Koalitionsvertrag festgeschrieben. Dieser Vertrag ist dann die Basis für die kommende Regierungsarbeit.

Koalitionen bedeuten aber nicht immer ausreichende Mehrheiten in der politischen Arbeit. Gerade in den vergangenen Jahren ist die Übermacht beider großen Volksparteien, C D U und S P D, stark geschrumpft. Dies hat dazu geführt, dass die klassischen 2er-Koalitionen aus den Parteien C D U, S P D und F D P, nicht mehr umsetzbar waren. 3er-Koalitionen mit vermeintlich kleineren Parteien sind heute durchaus üblich. Das bedeutet aber auch, dass sich die entsprechenden Koalitionsgespräche schwieriger gestalten, als früher, in den Anfangsjahren der B R D.

Diese Vielfältigkeit der Koalitionsmöglichkeiten kann man auch in den Konstellationen der vergangenen Regierungsbildungen bzw. Koalitionsgesprächen feststellen. Der Kreativität der Bürgerinnen und Bürger ist es zu verdanken, dass diese Konstellationen wieder mit den zugeordneten Farben der Parteien definiert wurden. Die bisherigen Konstellationen in der B R D sind unter folgenden Namen bekannt.

2er - Koalitionen

Große Koalition *(Schwarz - Rot), gebildet aus C D U und S P D*

Sozialliberale Koalition *(Rot – Gelb), gebildet aus S P D und F D P*

Christliberale Koalition *(Schwarz – Gelb), gebildet aus C D U und F D P*

Kiwi – Koalition *(Grün – Schwarz), gebildet aus GRÜNEN und C D U*

3er – Koalitionen

Senegal (Ampel) – Koalition, *(Rot – Gelb – Grün), gebildet aus SPD, F D P und GRÜNE*

Jamaika – Koalition *(Schwarz- Gelb- Grün), gebildet aus C D U, F D P und GRÜNE*

Deutschland – Koalition *(Schwarz – Rot – Gelb), gebildet aus C D U, S P D und F D P*

Kenia – Koalition *(Schwarz – Rot – Grün), gebildet aus C D U, S P D und GRÜNE*

OPPOSITIONEN

Als Opposition werden in einer parlamentarischen Demokratie eine oder mehrere Parteien bezeichnet, die nicht direkt an der Regierung des Staates beteiligt sind. Trotzdem ist die Opposition ein wichtiger Teil der Demokratie. Sie bildet zwar im Regelfall die Minderheit im Parlament, bekleiden aber wichtige Aufgaben in der parlamentarischen Arbeit.

Schlussendlich vertritt die Opposition die Wähler, die nicht die aktuelle Regierungspartei gewählt haben. Kurz erklärt: Die Opposition ist in einem parlamentarischen System der Gegenpol zur Regierung.

Arbeit einer parlamentarischen Opposition

- *Sie kontrolliert die Regierung, ob verabschiedete Gesetze eingehalten werden.*
- *Sie deckt durch die Kontrolle Fehler oder Missstände auf.*
- *Sie veranlasst z. B. Untersuchungsausschüsse zur*

Aufklärung heikler Themen. Sie sorgt für eine parlamentarische Aufklärung auch für Vertrauen in der Bevölkerung.

- *Sie kann Alternativen zu Regierungsthemen in den parlamentarischen Diskussionen darstellen und somit dem Wähler Alternativen aufzeigen.*
- *Die Regierung kann nicht ohne Anhörung der Opposition Gesetze verabschieden.*

Neben der parlamentarischen gibt es aber noch zwei weitere Formen der Opposition:

- *die außerparlamentarische Opposition (A P O)*
- *die fundamentale Opposition*

Beide Formen treten nicht direkt im Parlament in Erscheinung. Bei der außerparlamentarischen Opposition (A P O) handelt es sich um Bürgerinnen und Bürger, deren politische Vorstellungen nicht durch die im Parlament vertretenden Parteien vertreten werden. Aufmerksamkeit erlangen sie durch öffentliche Protestversammlungen oder Kundgebungen. Die Verfechter einer A P O beziehen sich dabei auf das Grundrecht der Meinungs-, Presse- und Versammlungsfreiheit. Die Forderungen einer A P O fließen später recht häufig in die Parteiprogramme etablierten Parteien ein. Die bekannteste A P O war in den 1960er Jahren die Studentenbewegung in der alten BRD. Studenten und Schüler versuchten damals mit ihren Protesten, radikalere Vorstellungen bzw. gesellschaftliche Maßnahmen in der Politik durchzusetzen.

Bei einer fundamentalen Opposition handelt es sich um eine Bewegung, die grundsätzlich gegen das komplette gesellschaftliche System des Staates ist. Die Regierungspolitik und die oppositionelle Arbeit werden durch die Bank abgelehnt. Im Gegensatz zu der A P O sind Fundamentalisten im Parlament vertreten. Sie finden sich in den Parteien wieder, deren Parteiprogramme sehr breit gefächert sind. Das bekannteste Beispiel für Fundamentalismus zeigte sich in den Jahren 1980/90er Jahren in der alten BRD bei der neu gegründeten Partei „Die Grünen". Die Mitglieder der Grünen kamen aus den unterschiedlichsten Strömungen der damaligen politischen Landschaft. Das führte zu erheblichen Auseinandersetzungen innerhalb der Partei, insbesondere bei dem Thema einer damaligen Regierungsbeteiligung. Schlussendlich wurde der Grünen-Politiker Joschka Fischer im Jahr 1985 zum Umwelt- und Energieminister des Bundeslandes Hessen gewählt und nach der Bundestagswahl im Jahr 1998 zum Außenminister und Vizekanzler der Bundesrepublik Deutschland ernannt.

Politische Macht in Deutschland

DER BUNDESKANZLER / DIE BUNDESKANZLERIN

WICHTIG:
Im Grundgesetz der BRD ist unter Artikel 63 nur die männliche Form des Bundeskanzlers genannt. Selbstverständlich ist immer auch eine weibliche Form gemeint. Zur Vereinfachung des folgenden Kapitels wird auf die männliche Form zurückgegriffen!!!!

Die Person eines Bundeskanzlers ist zwar protokollarisch nicht das höchste, aber politisch betrachtet, das wichtigste Amt der B R D.

Hinweis:
Das protokollarisch höchste Amt der BRD hat der

Bundespräsident, das zweithöchste der Bundestags-präsident inne!

Der Bundeskanzler wird nicht direkt vom Volk gewählt. Das Volk wählt „nur" alle 4 Jahre die Mitglieder des neuen Bundestages. Aufgrund eines Vorschlages des Bundespräsidenten wählen die neu gewählten Bundestagsabgeordneten daraufhin den neuen Bundeskanzler.

Erhält der vorgeschlagene Kandidat im 1. Wahlgang nicht die absolute Mehrheit (Größer 50 % der abgegebenen Stimmen), erfolgt ein 2. Wahlgang. Ist auch dieser nicht erfolgreich, hat der Bundestag 14 Tage Zeit zur Verfügung, um dem Bundespräsidenten einen neuen Kandidaten vorzuschlagen. Die Zahl der Wahlgänge ist dabei unbegrenzt. Die Wahl eines Bundeskanzlers könnte also theoretisch ein langes Prozedere werden. Aber nur theoretisch. Im Regelfall ist die Wahl des Bundeskanzlers durch Absprachen im Vorfeld abgesichert.

Die vom Bundespräsidenten zur Wahl vorgeschlagene Person muss nicht unbedingt dem Bundestag angehören, doch ist es gepflegte Normalität, dass der jeweilige Spitzenkandidat der Partei mit den meisten Wählerstimmen vorgeschlagen wird.

Diese Regelmäßigkeit wird nur in 3 Ausnahmefällen

außer Kraft gesetzt:

- *nach dem Tod eines Bundeskanzlers / Bundeskanzlerin*
- *nach dem Rücktritt eines Bundeskanzlers / Bundeskanzlerin*
- *nach einem Misstrauensvotum der Mitglieder des Deutschen Bundestages*

In der Geschichte der Bundesrepublik Deutschland gab es bisher nur einen einzigen Fall, in dem der amtierende Bundeskanzler aufgrund eines Misstrauensvotums abgewählt und gleichzeitig ein neuer Bundeskanzler gewählt wurde. Im Jahr 1982 wurde aufgrund des Scheiterns der Regierungskoalition aus S P D und F D P der Bundeskanzler Helmut Schmidt abgewählt und der Vorsitzende der C D U, Dr. Helmut Kohl, zum neuen Bundeskanzler gewählt.

Die Amtszeit des Bundeskanzlers, des Vizekanzlers und sämtlicher Minister beginnt mit der Aushändigung der Ernennungsurkunde durch den Bundespräsidenten und endet im Regelfall mit dem Zusammentreten eines neuen Bundestages.

Der Bundeskanzler gibt gemäß des Artikels 65 GG die Richtlinien der deutschen Innen- und Außenpolitik vor und leitet sämtliche Geschäfte der Regierung.

Sämtliche Bundesminister, sowie der Stellvertreter des Bundeskanzlers werden von ihm benannt und danach dem Bundespräsidenten zur Ernennung vorgeschlagen. Umgekehrt gilt dieses Procedere auch für Entlassungen.

Das Deutsche Grundgesetz gliedert die Arbeit eines Kabinetts in 3 Prinzipien:

➢ ***Das Prinzip des Kanzlers***

Der Bundeskanzler gibt grundsätzlich die Richtlinien für die einzelnen Ministerien vor. Nach einer, vom Bundespräsidenten genehmigten, Geschäftsordnung, leitet der Bundeskanzler die Gesamtarbeit des Kabinetts.

➢ ***Das Prinzip der Kollegialität***

Der Bundeskanzler und die Minister entscheiden gemeinsam, welche politischen Highlights besprochen und entschieden werden. Bei Meinungsverschiedenheiten schlichtet der Bundeskanzler und es wird nach dem Mehrheitsverfahren über diesen Vorgang abgestimmt.

➢ ***Das Prinzip des Ressorts***

Jeder Minister leitet sein Ministerium eigenständig. Der Bundeskanzler nimmt dabei keinen Einfluss auf das jeweilige Ministerium.

Diese Prinzipien regeln sehr genau den Umgang

innerhalb des Kabinetts, führen aber gleichzeitig zu einer Arbeitsteilung in dem politischen Handeln.

Da heutzutage aber keine Partei mehr die alleinige Mehrheit im Bundestag besitzt, folglich also Koalitionen eingegangen werden müssen, muss der zukünftige Bundeskanzler bereits im Vorfeld der Kanzlerwahl entsprechende Absprachen mit dem / den Koalitionspartner eingehen.

Innerhalb einer Koalition werden die Ministerämter paritätisch aufgeteilt. Die Position des Vizekanzlers wird aber auf jeden Fall dem größten Koalitionspartner zugesprochen.

Nachfolgend eine Aufstellung aller bisherigen Bundeskanzler der B R D seit 1949

Name	***Zugehörige Partei***	***Amtszeit***
Konrad Adenauer	*C D U*	*1949 - 1963*
Ludwig Erhard	*C D U*	*1963 – 1966*
Kurt Georg Kiesinger	*C D U*	*1966 – 1969*
Willy Brandt	*S P D*	*1969 – 1974*

Helmut Schmidt	*S P D*	*1974 – 1982*
Helmut Kohl	*C D U*	*1982 – 1998*
Gerhard Schröder	*S P D*	*1998 – 2005*
Angela Merkel	*C D U*	2005 *– bis heute*

DER BUNDESPRÄSIDENT / DIE BUNDESPRÄSIDENTIN

Die grundlegenden Funktionen / Aufgaben des Bundespräsidenten sind:

- *über 8 eigene Artikel im Grundgesetz (54 – 61 GG) der B R D definiert*
- *über einzelne Passagen in weiteren Verfassungstexten geregelt*

Allerdings sind der Person des Bundespräsidenten im Laufe der Zeit durch gelebte Praxis, ohne rechtliche Grundlage, weitere Aufgaben übertragen worden.

Sämtliche Funktionen / Aufgaben sind größtenteils repräsentativer Art. Die Verfasser des Grundgesetzes haben aus den Erfahrungen der früheren politischen Vergangenheit gelernt. Der Bundespräsident sollte nicht durch eine große Machtfülle in die Lage versetzt werden,

Grundrechte aus dem Grundgesetz außer Kraft zu setzen bzw. mit Notverordnungen selbst die Regierung des Landes zu übernehmen.

Somit besitzt der deutsche Bundespräsident, anders als bei Präsidenten anderer Nationen, nur wenig politischen Einfluss bzw. Macht. Allerdings wird ihm in besonders kritischen Situationen des Parlaments, z. B. der Gefahr einer Selbstauflösung des Parlaments oder dem Bruch einer Regierungskoalition eine entscheidende, gewichtete Rolle zugedacht.

Der Bundespräsident wird für einen Zeitraum von 5 Jahren gewählt. Maximal kann er für eine weitere Amtszeit wiedergewählt werden. Es gab seit Gründung der B R D lediglich drei Bundespräsidenten mit zwei Amtszeiten (Markierung in nachfolgender Aufstellung).

Der Bundespräsident wird nicht direkt vom Volk gewählt (auch das unterscheidet seine Funktion von Präsidenten anderer Staaten). Die Wahl des Bundespräsidenten erfolgt über die sogenannte Bundesversammlung, die nur für diesen Zweck einberufen wird. Beruft werden dabei auf der einen Seite die Mitglieder des aktuellen Bundestages und in gleicher Stärke Delegierte aus den einzelnen Länderparlamenten. Hierbei handelt es sich allerdings nicht nur um Landtagsabgeordnete, sondern auch Politiker aus Gemeinden und Kreisen bzw. verdiente Persönlichkeiten aus Kunst, Kultur, Sport oder Wirtschaft. Als Kandidaten können mehrere Bewerber antreten, die aber alle im Vorfeld der Wahl von den Parteien des Bundestages nominiert. Sie müssen grundsätzlich nicht politisch aktiv sein, allerdings ist ein Mindestalter von 40 Jahren vorgegeben. Gewählt ist der Bewerber, der im 1. oder 2. Wahlgang die absolute Mehrheit der Stimmen erhält. Bei einem 3. Wahlgang reicht die einfache Mehrheit.

Von 1949 bis zum heutigen Tag wurden insgesamt 15 Wahlen eines Bundespräsidenten durchgeführt. Dabei wurde der Kandidat wie folgt gewählt:

- *10 x im 1. Wahlgang*
- *3 x im 2. Wahlgang*
    - *1949 = Theodor Heuss*
    - *1959 = Heinrich Lübcke*
    - *1999 = Johannes Rau*
- *2 x im 3. Wahlgang*
    - *1969 = Gustav Heinemann*
    - *1994 = Roman Herzog*
    - *2010 = Christian Wulff*

Vor Ende der Amtsperiode traten 2 Bundespräsidenten freiwillig zurück:

- *2010 = Horst Köhler*
- *2012 = Christian Wulff*

Nachfolgend eine Aufstellung aller bisherigen Bundespräsidenten der B R D

Name	***Zugehörige Partei***	***Amtszeit***
Theodor Heuss	*F D P*	*1949 - 1959*
Heinrich Lübke	*C D U*	*1959 – 1969*
Gustav Heinemann	*S P D*	*1969 – 1974*
Walter Scheel	*F D P*	*1974 – 1979*
Karl Carstens	*C D U*	*1979 – 1984*
Richard v. Weizsäcker	*C D U*	*1984 – 1994*
Roman Herzog	*C D U*	*1994 – 1999*
Johannes Rau	*S P D*	*1999 - 2004*
Horst Köhler	*C D U*	*2004 - 2010*
Christian Wulff	*C D U*	*2010 - 2012*
Joachim Gauck	*parteilos*	*2012 - 2017*
Frank W. Steinmeier	*S P D*	*2017 – bis heute*

Die Aufgaben eines Bundespräsidenten

Der Aufgaben des Bundespräsidenten gliedern sich in

folgende Bereiche:

Repräsentation:

Dazu gehört die Vertretung der B R D innen- bzw. außenpolitisch, z. B. öffentlichen Auftritte und Reden bei entsprechenden Veranstaltungen, Besuche in den Landesregionen, sowie der Empfang ausländischer Staatsgäste.

Integration:

Die Bedeutung des Amtes eines Bundespräsidenten besteht auch darin,

- *bei Kontroversen in politischen Themen beschwichtigend einzuwirken*
- *Vertrauen in den Staat und seinen Organisationen zu vermitteln*
- *gesellschaftliche Maßstäbe zu setzen*
- *neutrale, aber kompetente Ratschläge erteilen*
- *ein positives Erscheinungsbild auszustrahlen*

Völkerrecht:

Dazu gehört die Unterzeichnung der Verträge, die durch die Bundesregierung mit anderen Staaten geschlossen wurden, die Bestellung der Botschafter in anderen Ländern, sowie umgekehrt die Entgegennahme von Akkreditierungsschreiben ausländischer Diplomaten.

Gesetze:

Alle vom Bundestag beschlossenen Gesetze werden vom Bundespräsidialamt schriftlich formuliert und vom Bundespräsidenten gegengezeichnet. Die Veröffentlichung der Gesetze erfolgt anschließend im Bundesgesetzblatt.

Ernennungen / Entlassungen:

Aufgrund der Vorschläge des Bundeskanzlers erhalten die entsprechenden Minister vom Bundespräsidenten formell ihre Ernennungsurkunde. Er kann lediglich Bedenken gegen eine Ernennung kundtun. Umgekehrt werden auch Entlassungen von Ministern durch den Bundespräsidenten durchgeführt.

Weitere Ernennungen erfolgen bei Bundesrichtern bzw. – beamten, sowie bei Offizieren des Heeres. Im Regelfall stimmt der Bundespräsident den Vorschlägen des Bundeskanzlers zu, kann aber bei schwerwiegenden Bedenken auch einen Vorschlag ablehnen.

DER BUNDESTAGSPRÄSIDENT / DIE BUNDESTAGSPRÄSIDENTIN

Der Deutsche Bundestag wird gemäß Artikel 20 GG direkt vom Volk gewählt und ist das gesetzgebende Parlament der Bundesrepublik Deutschland. Die Leitung dieses Parlaments wird durch die Funktion des

Bundestagspräsidenten wahrgenommen. Diese Funktion ist formell das zweithöchste Amt der B R D, noch vor dem Amt des Bundeskanzlers.

Aufgaben des Bundestagspräsidenten

Die wichtigste Aufgabe des Bundestagspräsidenten ist die Leitung der Sitzungen. Um die Leitungsfunktion auch optisch zu signalisieren, sitzt er vor den Abgeordneten auf einem Podium. Der Bundestagspräsident vertritt das gesetzgebende Organ des Bundestages nach außen. Er ist Empfänger sämtlicher Vor- und Eingaben bzw. Entwürfen von Gesetzen aus den Organen der Regierung, des Bundesrates oder direkt aus dem Bundestag. Unterstützt wird der Bundestagspräsident durch ein Präsidium, dessen Vorsitz er bekleidet.

Weitere Aufgaben sind:

- *Ausübung vom Hausrecht des Bundestages*
- *Umsetzung der Polizeigewalt im Bundestag*
- *Oberster Dienstherr der Beamten des Bundestages*
- *Überwachung der Parteienfinanzierung inkl. Spenden*
- *Erstattung und Auszahlung von Wahlkampfkosten*

Alle weiteren Rechte, Pflichten und Aufgaben sind in der Geschäftsordnung des Deutschen Bundestages geregelt.

Wahl des Bundestagspräsidenten

Der Bundestagspräsident wird durch die Abgeordneten des neu gewählten Bundestages gewählt. Seine Amtszeit endet jeweils mit der aktuellen Amtsperiode des Bundestages.

Die Durchführung der Wahl wird durch den ältesten Abgeordneten des Bundestages, dem sogenannten Alterspräsidenten, durchgeführt. In der Regel stellt die stärkste Fraktion im Bundestag den Kandidaten für dieses Amt auf. Gegenkandidaten der anderen Fraktionen sind aber zugelassen.

Für die Wahl zum Bundestagspräsidenten sind maximal 3 Wahlgänge vorgesehen.

Im 1. Wahlgang ist die absolute Mehrheit der Stimmen notwendig. Erreicht kein Kandidat diese Mehrheit, wird ein 2. Wahlgang notwendig.

Die Besonderheit des 2. Wahlgangs ist, dass neue Bewerber durch die Fraktionen aufgestellt werden können. Auch im 2. Wahlgang ist eine absolute Mehrheit notwendig.

Erreicht erneut kein Kandidat diese Mehrheit, erfolgt ein 3. und damit letzter Wahlgang. Hierzu treten die beiden Bewerber mit dem höchsten Stimmenanteil aus dem 2. Wahlgang an. Im 3. Wahlgang reicht die einfache Mehrheit der Abgeordneten.

Eine Wiederwahl des Bundestagspräsidenten in einer folgenden Bundestagsperiode ist möglich.

Nach der erfolgten Wahl des Bundestagspräsidenten übernimmt er umgehend die Leitung der Sitzung vom Alterspräsidenten und veranlasst die Wahl eines neuen Präsidiums, seiner Stellvertreter (Vizepräsidenten). Die Anzahl der Vizepräsidenten ist unbegrenzt, ist aber mittlerweile durch die Geschäftsordnung des Bundestages neu geregelt worden. Jede im Parlament vertretende Partei hat Anspruch auf mindestens einen Vizepräsidenten. Für die Wahl eines Vizepräsidenten sind maximal 3. Wahlgänge vorgesehen. Es muss zwingend, auch im 3. Wahlgang eine absolute Mehrheit erreicht werden, ansonsten gilt der Kandidat als gescheitert.

POLITIK UND RELIGION

Gemäß der Verfassung der Bundesrepublik Deutschland verpflichtet sich der Staat zur Neutralität gegenüber Kirche und Religionsgemeinschaften. Das bedeutet aber nicht, dass Politik und Kirche, zum Wohle des Staates, zusammenarbeiten können. Sofort stellen sich da zwei sehr interessante Fragen:

- *Welchen Einfluss haben Kirche und Religion auf die Politik?*
- *Welche Verbindungen bestehen zwischen Kirche und Politik?*

Antworten darauf finden sich vielfältig und zeigen eine Vielzahl von Facetten auf, in der Kirche und Religion in der gesellschaftlichen Landschaft Deutschlands zusammenarbeiten.

Beispiele:
Betrachten Sie einmal die Sozialpolitik der Bundesregierung. Ohne Engagement der Kirche würde diese Politik nicht so funktionieren, wie wir es heute gewohnt sind. Denken Sie an den Betrieb von kirchlichen Altenheimen, kirchlichen Kindergärten, kirchlichen Schulen und vor allem kirchlichen Krankenhäusern. Gut, werden Sie jetzt sagen, bezahlt wird das Ganze doch aber vom Staat, also unseren Steuern. Das stimmt so nicht! Ein Großteil dieser Finanzierung erfolgt direkt über die Kirchen.

Aber wo findet man das Engagement des Staates gegenüber der Kirche? Vermutlich wird Sie die Antwort jetzt verwundern: im Finanzamt! Deutschland gehört zu den wenigen Ländern auf der Erde, deren Steuerpolitik eine Kirchensteuer beinhaltet. Eingezogen wird diese Steuer von den Mitgliedern der Kirchen über das Finanzamt und dann entsprechend weitergeleitet. Diese Gelder sind der größte Anteil des kirchlichen Finanzwesens.

Wie bereits erwähnt, ist das Nebeneinander von

Staat und Kirche im Grundgesetz geregelt. Allerdings stammen diese Bestimmungen aus den Anfängen der Bundesrepublik, in der ein überwiegender Teil der deutschen Bevölkerung Mitglied einer christlichen Kirche war. Heutzutage hat sich allerdings das Mitgliederbild der christlichen Kirchen gravierend verändert. Durch die Integrationspolitik der Bundesregierung haben sich in der B R D weitere Glaubensgemeinschaften entwickelt. So versucht die Regierung seit Jahren, den Islam in die Bestimmungen des Grundgesetzes einzubinden. Bisher allerdings ohne Erfolg.

Anteil (%) der größten Glaubensgemeinschaften in der deutschen Bevölkerung

Auswertung 2018	
Katholiken	*27,7 %*
Evangelisten	*25,4 %*
Muslime	*5,7 %*
Konfessionslos	*37,8 %*

Natürlich ist es keinem Angehörigen einer Glaubensgemeinschaft untersagt, politisch als Mitglied einer Partei aktiv zu sein. So haben sich, insbesondere seit Gründung der B R D immer wieder neue Parteien mit christlichem Hintergrund gebildet. Durch die Verbindung zum Christentum gelten sie politisch betrachtet eher als konservativ ausgerichtet.

Zu den bekanntesten christlich ausgerichteten Parteien gehören die:

- *Christlich Demokratische Union Deutschlands (C D U), gegründet 26.6.1945*
- *Christlich Sozial Union in Bayern (C S U), gegründet 13.10.1945*
- *Deutsche Zentrumspartei (ZENTRUM), gegründet*

13.12.1870

- *AUFBRUCH C – Christliche Werte für menschliche Politik, gegründet 11.03.2013*
- *BÜNDNIS C – Christen für Deutschland, gegründet 28.03.2015*

PRESSEFREIHEIT

In der politischen Landschaft eines Staates sind Medien ein wichtiges Instrument für die Information der Bevölkerung. Aber neben der Information haben Medien auch die Aufgabe, Stimmungsbilder in der Bevölkerung aufzugreifen, den politischen Entscheidungsträgern diese mitzuteilen, aber gleichzeitig auch Entscheidungen kritisch zu hinterfragen. Um aber diesen Aufgaben gerecht zu werden, ist es unabdingbar, dass die Medien mit einem der wichtigsten Grundrechte ausgestattet werden, der Pressefreiheit. Im Grundgesetz befasst sich ein eigener Artikel mit dem Thema Pressefreiheit.

„ZITAT - ANFANG:
Artikel 5. Grundgesetz

(Absatz 1)

***1.* Jeder hat das Recht, seine Meinung in Wort, Schrift und Bild frei zu äußern und zu verbreiten und sich aus allgemein zugänglichen Quellen**

ungehindert zu unterrichten.

2. Die Pressefreiheit und die Freiheit der Berichterstattung durch Rundfunk und Film werden gewährleistet.

3. Eine Zensur findet nicht statt.

(Absatz 2)

Diese Rechte finden ihre Schranken in den Vorschriften der allgemeinen Gesetze, den gesetzlichen Bestimmungen zum Schutze der Jugend und in dem Recht der persönlichen Ehre.

(Absatz 3)

***1.* Kunst und Wissenschaft, Forschung und Lehre sind frei.**

2. Die Freiheit der Lehre entbindet nicht von der Treue zur Verfassung.

ZITAT – ENDE“

In dem Artikel 5 GG ist somit nicht nur genaustens beschrieben, was Medien dürfen, aber auch, was sie nicht dürfen (siehe Absatz 2).

Aber ist es wirklich so klar und deutlich beschrieben?

Schon mit der Gründung der BRD war dieser Artikel des Grundgesetzes umstritten. Darf die Presse alles veröffentlichen? Könnten kritische Presseberichte der jungen Demokratie nicht auch Schaden beifügen? Interessante Fragen, über die die Gründer der B R D heftig diskutiert haben. Dass dieses Grundgesetz aber sehr wirkungsvoll ist, sollte sich Jahre später bewahrheiten:

Im **Oktober 1962** kam es zu einem Skandal, der die B R D noch lange beschäftigen sollte. Die Bundesregierung, in persona des damaligen Verteidigungsminister Franz-Josef Strauß, reagierte auf einen kritischen Artikel über die nur bedingte Einsatzfähigkeit der deutschen Bundeswehr. Gegen das Nachrichtenmagazin „Der Spiegel“ wurde daraufhin eine Klage wegen Landesverrats eingereicht. Es ging so weit, dass durch die Polizei am 26. Oktober 1962 die Redaktionsräume des Magazins besetzt und die Chefredakteure und der Verleger Rudolf Augstein verhaftet und in Untersuchungshaft genommen wurden. Heftige Proteste in der Bevölkerung begleiteten diese Aktion. Schlussendlich fehlten entsprechende Beweise und die Pressevertreter wurden nach Wochen aus der Haft entlassen. Die Bundesregierung stürzte wegen dieses Vorgangs im November 1962 in eine schwere Regierungskrise, die mit dem Rücktritt des Verteidigungsministers endete.

Jahre später sollte bekannt werden, dass es sich hierbei lediglich um eine persönliche Fehde zwischen dem Verteidigungsminister und dem Verleger handelte.

Der damalige Bundeskanzler Konrad Adenauer konnte sich nur noch 1 Jahr im Amt halten, bevor er durch Ludwig Erhardt ersetzt wurde. Ein Prozess gegen die Medienvertreter wurde mangels Beweise nie eröffnet.

Es war das erste Mal in der Geschichte der BRD, das der Versuch unternommen wurde, die Presse zum Schweigen zu bringen. Diese Affäre hatte nicht nur Verlierer, sondern auch viele Gewinner. Die größten Gewinner waren die Bevölkerung und die Medienvertreter, die erfolgreich um die bundesdeutsche Pressefreiheit gekämpft haben.

Der Artikel 5 des Grundgesetzes hatte somit die Bewährungsprobe eindrucksvoll standgehalten!

Da sich auch die Bundesländer der ehemaligen DDR in der heutige B R D wiederfinden, sollte auch die Situation in diesem Teil Deutschlands beschrieben werden. Es grenzt schon fast an Ironie, dass es auch in der DDR einen Gesetzestext zum Thema Meinungsfreiheit gab. Allerdings verstand man darunter etwas vollkommen anderes. Die Presse, das Radio und das Fernsehen mussten die Politik der regierenden S E D unterstützen. Im Artikel

27 der DDR – Verfassung wurde zwar garantiert, dass jeder Bürger des Landes seine Meinung offen vertreten konnte, doch besser war es, zu schweigen. Die DDR-Regierung betrachtete freie Meinungsäußerungen als „Hetze gegen den Staat“ oder als „Missbrauch gegen die bürgerliche Ideologie“. Lange Zuchthausstrafen waren die juristischen Folgen.

LOBBYISMUS

Bevor wir uns diesem Thema widmen, sollte erst einmal der Begriff „Lobbyismus“ genauer definiert werden. Der Ausdruck ist aus dem englischen Wort „Lobbying“ abgeleitet und bezeichnet das Wirken von Interessen und deren Einflussnahme bei den gesellschaftlichen Entscheidungen.

Lobbyismus ist schon länger ein Teil der Gesellschaft, da Interessengruppen schon immer versucht haben, Einfluss auf Entscheidungen, welcher Art auch immer, zu nehmen. In der heutigen Zeit agieren die „Lobbyisten“ im Regelfall als Vertreter von Wirtschaftszweigen, Einzelunternehmen, Kirchen, Gewerkschaften usw. vorrangig im politischen Umfeld. Sie versuchen, mit ihrer Arbeit Einfluss auf Entscheidungen der politischen Führungsebene zu nehmen. Gerne werden dazu persönliche Verbindungen zu den Entscheidungsträgern, aber auch Aktionen über die Medien, ins Spiel gebracht. Lobbyisten können aber auch für den Wähler eintreten, spätestens dann, wenn wirtschaftliche und gesellschaftliche Interessen zusammenkommen. Der Wähler hat nun einmal nicht die Nähe zu den Abgeordneten oder Ministern. Der Lobbyist aber schon.

Wie arbeiten aber nun Lobbyisten und wie schaffen Sie es, Einfluss zu nehmen? Da ist zum einen der persönliche Kontakt zu den Abgeordneten oder Ministern, z. B. in den Gängen des Bundestages, der Lobby. Zum anderen organisieren Sie eigene Meetings, Konferenzen oder ähnliches und laden dazu gezielt ein. Die Teilnehmerzahl ist dabei nicht zu groß, aber auch nicht zu klein. Aber auch die Presse kann eingebunden werden, insbesondere dann, wenn auf gesellschaftliche Themen Einfluss genommen werden soll.

Für die Arbeit im Deutschen Bundestag wurde eine besondere Lobbyliste eingeführt, auf der sich mittlerweile über 2000 Organisationen, Verbände und Wirtschaftsunternehmen eingetragen haben. In der Realität dürften es aber weitaus mehr Lobbyisten sein.

Birgt Lobbyarbeit aber nicht auch eine Gefahr?

Die Antwort darauf lautet „Ja" und „Nein". Dazu sollte man das entscheidende Merkmal eines Lobbyisten zugrunde legen. Er wird für seine Arbeit von den

Auftraggebern bezahlt. Genau darin könnte auch eine Gefahr liegen. Schließlich wird der Einfluss von Geld häufig mit einer gezielten finanziellen Einflussnahme verbunden. Das könnte sogar bis zur Korruption führen. Letzteres ist aber ein Strafvergehen und ein Lobbyist wird es tunlichst vermeiden, nur ansatzweise in einen derartigen Verdacht zu geraten.

Eine lukrative Tätigkeit als Lobbyist wäre beendet!

Lobbyarbeit bietet aber auch Vorteile!

Lobbyismus ist im Regelfall nicht darauf ausgelegt, die Arbeit eines Lobbyisten zu dem Bruch eines Gesetzes zu führen. Einfach betrachtet, können Lobbyisten auch zu Vertretern der Interessen von Wählerinnen und Wählern werden. Spätestens dann, wenn aus einem wirtschaftlichen und einem gesellschaftliche ein gemeinsames Interesse wird. Auch für die Abgeordneten können die Lobbyisten wichtig werden. Wie soll z. B. ein Abgeordneter und gelernter Steuerberater die Folgen einer anstehenden Entscheidung im Gesundheitswesen bis ins Detail abschätzen können. Da können Tipps von „Fachleuten = Lobbyisten“ hilfreich sein.

Auch bei aktuellen Entscheidungen des europäischen Parlaments, die durch die nationalen Regierungen nicht mehr beeinflusst werden können, bekommen Lobbyisten eine immer größere Bedeutung.

WIE ENTSTEHEN EIGENTLICH GESETZE IN DER B R D?

Auch bei diesem Thema sollte zuerst einmal folgende Frage geklärt werden:

Was bedeutet eigentlich der Begriff „Gesetz"?

Gesetze sind nichts anderes als festgelegte Vorschriften, die das öffentliche Verhalten bzw. Leben von Menschen regeln. Gesetze können Verhaltensweisen erlauben oder verbieten, anordnen oder freistellen. Für einen Rechtsstaat sind Gesetze zwingend erforderlich, um die soziale und wirtschaftliche Entwicklung des Staates zu gewährleisten.

Wie entsteht nun in der B R D ein Gesetz?

Es gibt in der B R D mehrere Staatsorgane, die ein neues Gesetz ausarbeiten und in ein Gesetzgebungsverfahren vorlegen können. Dieses Recht, „Initiativrecht" genannt, besitzen die Bundesregierung, der Bundestag und der Bundesrat gleichermaßen. Dieses Verfahren ist allerdings sehr umfangreich, da es bis zur öffentlichen Verkündung mehrere Bearbeitungsstufen, die genau definiert sind, durchlaufen muss. In der B R D kommen aber zwei unterschiedliche Gesetzesformate zum Tragen:

➢ ***die Zustimmungsgesetze***

Diese Form der Gesetze bedarf ausdrücklich der Zustimmung des Bundesrates. Es betrifft Gesetzesvorlagen:

o *die Änderungen an der Verfassung vornehmen sollen*

o *die Auswirkungen auf die Finanzsituation der Bundesländer haben*

o *die ausschließlich von den Bundesländern auszuführen sind*

➢ ***die einfachen Gesetze***

Diese Form der Gesetze muss nicht durch den Bundesrat genehmigt werden. Der Bundesrat kann zwar Einspruch gegen den Gesetzentwurf einlegen, der Bundestag kann allerdings mit einer Abstimmung und einfacher Mehrheit der Parlamentarier diesen Einspruch wieder zurückweisen.

Die Stufen des Verfahrens für Zustimmungsgesetze sind:

➢ *Entwurf durch* ***Referenten***

➢ *Vorlage im* ***Kabinett***

➢ *1. Stellungnahme im* ***Bundesrat***

➢ *1. Lesung im* ***Bundestag***

➢ *Beratung im zuständigen* ***Ausschuss***

➢ *2. Lesung im* ***Bundestag***

➢ *3. Lesung im* ***Bundestag (Genehmigung)***

➢ *2. Stellungnahme im* ***Bundesrat (Genehmigung bzw. Einspruch)***

○ *Bei Einspruch durch Bundesrat, Abstimmung im Bundestag mit einfacher Mehrheit*

➢ ***Ausfertigung** mit den Unterschriften des zuständigen Fachministers, Bundeskanzler und Bundespräsident.*

➢ ***Verkündung** im Bundesgesetzblatt*

Gehen wir einmal auf die einzelnen Stufen der Gesetzgebung innerhalb der Organe der Parlamente etwas näher ein:

➢ *Entwurf durch* ***Referenten***

Mit der Aufgabe den Text des neuen Gesetzes auszuarbeiten wird ein Fachreferent aus dem zuständigen Fachministerium beauftragt. Er informiert sich zuerst bei allen beteiligten Fachleuten und Wissenschaftlern und stellt sämtliche Erkenntnisse zu diesem Thema zusammen. Vor der schriftlichen Fixierung erfolgt die Abstimmung mit dem Fachminister und den eventuell beteiligten Ministerien.

➢ *Vorlage im* ***Kabinett***

Das Kabinett beschließt aus dem Gesetzesentwurf ein Regierungsentwurf.

➢ *1. Stellungnahme im* ***Bundesrat***

Der Entwurf wird dem Bundesrat zugestellt. Innerhalb von 6 Wochen muss darauf eine Stellungnahme erfolgen.

➢ *1. Lesung im* ***Bundestag***

Der Gesetzentwurf durchläuft insgesamt 3 Beratungen, den sogenannten Lesungen, im Bundestag. Schon mit Ende der 1. Lesung wird der Entwurf an einen Ausschuss zur Prüfung übergeben. Bereits jetzt können Einwände gegen den Gesetzentwurf geltend gemacht werden.

➢ *Beratung im zuständigen* ***Ausschuss***

Dies ist jetzt die entscheidende Stufe im Gesetzgebungsverfahren. Jetzt kommen alle beteiligten Organe der Gesetzgebung zusammen. Mitglieder der Regierung, des Bundesrates und des Ministeriums beraten über den Gesetzentwurf. Änderungen, die eigentlich immer eingestellt werden, erfolgen über diese Gespräche.

➢ *2. Lesung im* ***Bundestag***

Der endgültige Gesetzentwurf wird ein weiteres Mal diskutiert und schlussendlich zur Abstimmung aufgerufen.

➢ *3. Lesung im* ***Bundestag (Genehmigung)***

Diese Lesung erfolgt umgehend nach der 2. Lesung. Zum letzten Mal erfolgt eine Aussprache, die mit der Abstimmung im Parlament endet.

➢ *2. Stellungnahme im* ***Bundesrat (Genehmigung bzw. Einspruch)***

Der Bundesrat genehmigt durch mehrheitliche

Abstimmung diesen Gesetzentwurf. Bei Ablehnung eines einfachen Gesetzes wird der Entwurf ein letztes Mal an den Bundestag überwiesen. Dort könnte mit einfacher Mehrheit die Genehmigung erfolgen.

Erlangen Regierung und Parlamente bei einer Gesetzesvorlage keine Einigung, kann als letztes Gremium der Vermittlungsausschuss angerufen werde. Dieser Ausschuss besteht jeweils aus 16 Vertretern des Bundestages und des Bundesrates und soll, wie der Name bereits ausdrückt, Kompromisse suchen und zwischen den politischen Kräften vermitteln.

BUNDESREGIERUNG UND BUNDESMINISTERIEN

Mit einer einfachen Kernaussage lässt sich die Funktion der Bundesregierung erklären:

Die Bundesregierung ist in ihrer Funktion das oberste politische Machtorgan der B R D.
Sie vertritt gemeinsam die parlamentarische Mehrheit und deren politischen Ziele.

Alle deutschen Staatsbürger über 18 Jahre wählen über eine Bundestagswahl (im Regelfall alle 4 Jahre) die Abgeordneten des Deutschen Bundestags, die als

Volksvertreter fungieren.

Die Abgeordneten wiederum wählen bei der 1. Versammlung des neuen Bundestages den Bundeskanzler (im Regelfall handelt es sich um den Spitzenkandidaten der Partei, mit dem höchsten Stimmenanteil).

Der Bundeskanzler wiederum ernennt daraufhin für die Fachbereiche die Führungskräfte, die Minister. Die Existenz eines Ministeriums muss nicht dauerhaft sein. Je nach Bedarf oder Notwendigkeit können Ministerien durch den Bundeskanzler verändert, aufgelöst oder neu eingerichtet werden.

Diese Gesamtkonstellation, bestehend aus dem Bundeskanzler und xx Ministern, wird als Bundesregierung bezeichnet. Die Befugnisse der Bundesregierung sind im Artikel 65 des Grundgesetzes geregelt.

Funktionen und Aufgaben einer Bundesregierung

Die Leitung und damit auch die Richtlinienkompetenz der Bundesregierung obliegt dem Bundeskanzler. Er gibt die klare politische Linie im Staate vor, trägt dabei aber auch die volle Verantwortung. Der Bundeskanzler ist zwar innerhalb der Regierung den Ministern gegenüber weisungsbefugt, allerdings gibt die Verfassung der B R D vor, dass Ministerien eigenständig arbeiten sollen. Sie müssen sich aber innerhalb der politischen Vorgaben des Bundeskanzlers bewegen.

Die Bundesregierung ist in ihrer Funktion das oberste Machtorgan der B R D. Gleichwohl kann sie die Macht nicht ohne Kontrolle ausüben. Der Bundestag übernimmt dabei eine Kontrollfunktion. Möglichkeiten der Kontrolle durch den Bundestag können dabei gezielte Anfragen oder auch Untersuchungsausschüsse sein. Damit wollten die Verfasser des Grundgesetzes verhindern, dass die Regierung kritische Lagen ausnutzt, um eine Diktatur aufzubauen.

Die aktuelle Bundesregierung (Stand: Mai 2020) setzt sich folgendermaßen zusammen:

- *Bundeskanzler / -in*

- *Auswärtige Amt (Außenministerium)*
- *Bundesministerium für Arbeit und Soziales*
- *Bundesministerium für Bildung und Forschung*
- *Bundesministerium für Ernährung und Landwirtschaft*
- *Bundesministerium für Familie, Senioren, Frauen und Jugend*
- *Bundesministerium der Finanzen*
- *Bundesministerium für Gesundheit*
- *Bundesministerium des Innern, für Bau und Heimat*
- *Bundesministerium der Justiz und für*

Verbraucherschutz

➢ *Bundesministerium für Umwelt, Naturschutz und nukleare Sicherheit*

➢ *Bundesministerium für Verkehr und digitale Infrastruktur*

➢ *Bundesministerium der Verteidigung*

➢ *Bundesministerium für Wirtschaft und Energie*

➢ *Bundesministerium für wirtschaftliche Zusammenarbeit und Entwicklung*

Ein zusätzlicher Minister leitet das Bundeskanzleramt. Seine offizielle Bezeichnung lautet:

➢ *Chef des Bundeskanzleramtes und Bundesminister für besondere Aufgaben*

Um die Funktion der Bundesregierung immer zu gewährleisten, wurde im März 2018 eine Vertretungsregelung getroffen. Es soll erreicht werden, dass grundsätzlich alle Ministerien voll funktionstüchtig sind. Die Vertretung für den Bundeskanzler wurde laut Artikel 69, Absatz 1, bestimmt.

Funktion	***Vertretung***
Bundeskanzlerin	*Finanzen*
Auswärtige Amt	*Verteidigung*
Arbeit und Soziales	*Gesundheit*
Bildung und Forschung	*Familie, Senioren, Frauen*
Ernährung und Landwirtschaft	*Zusammenarbeit/Entwicklung*
Familie, Senioren, Frauen und Jugend	*Bildung und Forschung*
Finanzen	*Wirtschaft und Energie*
Gesundheit	*Arbeit und Soziales*
Innern, für Bau und Heimat	*Justiz und für Verbraucherschutz*
Justiz und für Verbraucherschutz	*Innern, für Bau und Heimat*
Umwelt, Naturschutz und nukleare Sicherheit	*Verkehr / digitale Infrastruktur*
Verteidigung	*Auswärtige Amt*
Wirtschaft und Energie	*Finanzen*
Wirtschaftliche Zusammenarbeit / Entwicklung	*Ernährung und Landwirtschaft*
Kanzleramt	*Durch Staatssekretär*

BUNDESVERFASSUNGSGERICHT

Das Bundesverfassungsgericht ist das höchste juristische Organ in der B R D. Es fungiert als eine übergeordnete Justiz, mit der Aufgabe:

- *den Schutz der Deutschen Verfassung zu gewährleisten*
- *Rechtssicherheit für Bürgerinnen und Bürger zu gewährleisten*
- *Rechtsverletzungen der Machtorgane zu verhindern.*

Wichtig:

Das Bundesverfassungsgericht untersteht keinem Dienstherrn. Seine Urteile werden absolut unabhängig, auf Grundlage der Deutschen Verfassung, getroffen!

Das Bundesverfassungsgericht besteht aus 2 Kammern, dem 1. Senat und dem 2. Senat.

Jeder Senat wird aus 8 Richterinnen bzw. Richter gebildet, deren Vorsitz der Präsident bzw. der Vizepräsident des Bundesverfassungsgerichts bekleidet. Die Richterinnen und Richter der einzelnen Senate werden von 4 Fachleuten beraten, die alle über eine entsprechende Berufserfahrung aus Justiz, Wirtschaft und Universität verfügen müssen. Entscheidungen der einzelnen Senate erfolgen bei „kleineren" Klagen nach dem

Mehrheitsprinzip. Bei einer Pattsituation wird im Regelfall eine Klage abgewiesen. Bei Klagen, die allerdings sehr tief die Gesetzgebung berühren, ist ein klares Votum (6 von 8 Stimmen) notwendig.

Die Richter des Verfassungsgerichtes, alle langjährig erfahrene Juristen, werden sowohl vom Bundestag bzw. vom Bundesrat abwechselnd gewählt. Bei einer Wahl müssen die Kandidaten eine Mehrheit von 2 Dritteln der abgegebenen Stimmen erreichen.

Das Lebensalter der Kandidaten muss bei der Wahl 40 Jahre betragen. Gewählt wird ein Richter für einen Zeitraum von 12 Jahre gewählt. Die Altersgrenze der Richter beträgt 68 Jahre.

Das Gericht kann von jeder Person mit deutscher Staatsbürgerschaft, jeder politischen

Institution, von Vereinen, Kirchen usw. angerufen werden. Im besonders dringenden Fällen auch über einen Eilantrag.

Einige bekannte Urteile des Bundesverfassungsgerichts sind:

17.08.1956 Verbot der Kommunistischen Partei Deutschland (K P D)
28.05.1993 Legalisierung Schwangerschaftsabbruch

12.07.1994	Einsatz der Bundeswehr bei der NATO-Luftüberwachung Jugoslawiens
24.09.2003	Kopftuchverbot für Lehrerin (Religionsfreiheit?)
02.03.2010	Verbot der Vorratsdatenspeicherung
07.05.2013	Ehegattensplitting für gleichgeschlechtliche Paare

Deutschland Spezial

Eine föderalistische Struktur

Das Wort „Föderal“ kommt aus dem Lateinischen und bedeutet Vertrag oder Bündnis.

BUND UND LÄNDER

Die Bundesrepublik Deutschland ist eine parlamentarische Demokratie und durch das Grundgesetz als Bundesrepublik festgelegt. Sie besteht aus 16 teilsouveränen Ländern, die alle für sich allein, eigene staatliche Aufgaben übernehmen. Die Zusammenarbeit zwischen dem Bund und den Bundesländern bezeichnet man als Föderalismus. Dieser Föderalismus ist eine von mehreren Prinzipien des politischen Systems der B R D. Sie beschreibt einen hohen Anteil von Selbstständigkeit und der Hoheit in Verwaltungsaufgaben. Somit könnte die umfassende Beschreibung einer Staatsform der B R D folgendermaßen lauten:

Die Bundesrepublik Deutschland ist ein föderalistischer Staat mit einer parlamentarischen Demokratie!

Geschichtliches:

Betrachten wir nun einmal die Struktur der B R D im Einzelnen. Die B R D besteht heute aus insgesamt 16 Bundesländern. Das war nicht immer so. Im Jahr 1949 wurden aus den 3 westlichen Besatzungszonen 9 Bundesländer gebildet, die zusammen das Staatsgebiet der Bundesrepublik Deutschland bildeten. Im Einzelnen waren es:

- *Bayern*
- *Baden – Württemberg*
- *Bremen*
- *Hamburg*
- *Hessen*
- *Niedersachsen*
- *Nordrhein - Westfalen*
- *Rheinland – Pfalz*
- *Schleswig – Holstein*

Als Hauptstadt der neu gegründeten B R D wurde die Stadt Bonn festgelegt.

Einen Sonderstatus erhielt die Stadt Berlin. Sie war analog des restlichen Staatsgebietes in 4 Besatzungszonen aufgeteilt. Da die 3 westlichen Besatzungsmächte das neue Grundgesetz genehmigten, wurde Groß-Berlin mit als Bundesland der BRD aufgeführt. Die sowjetische Besatzungsmacht plante aber ein eigenes Staatsgebilde und stimmte somit der Einbindung Groß-Berlins in die BRD nicht zu. Groß Berlin wurde daraufhin bis zur Wiedervereinigung 1990 von allen 4 Besatzungsmächten verwaltet. Diese Verwaltung gestaltete sich allerdings mit dem Bau der Mauer in Berlin im August 1961 weitaus schwieriger.

Aus den 5 Ländern der sowjetischen Besatzungszone, sowie dem östlichen Teil Berlins wurde im Jahr 1949 die Deutsche Demokratische Republik (DDR) gegründet. Im Einzelnen waren es folgende Länder:

- *Brandenburg*
- *Mecklenburg – Vorpommern*
- *Sachsen*
- *Sachsen – Anhalt*
- *Thüringen*

Im Januar 1957 wurde dann das Saarland als 10. Bundesland in die BRD aufgenommen. Grundlage hierfür war eine Volksabstimmung am 23. Oktober 1955, bei der sich fast 68 % der Saarländer für einen Beitritt zur B R D aussprachen. Bis zu diesem Zeitpunkt war das Saarland Teil der französischen Besatzungszone und wurde danach ein eigener Staat unter französischer Kontrolle.

Mit der Wiedervereinigung Deutschlands 1990 wurden dann auch die 5 Länder der DDR und Groß-Berlin in den Staatenbund der BRD aufgenommen. Als neue Hauptstadt mit dem Regierungssitz wurde Berlin festgelegt.

Aufstellung der 16 Bundesländer inkl. Fläche und Einwohnerzahl (Stand: 2018)

Bundesland	***Beitritt BRD***	***Fläche km²***	***Einwohner***	***Hauptstadt***
Baden - Württemberg	*1949*	*35.751*	*11.069.533*	*Stuttgart*
Bayern	*1949*	*70.550*	*13.076.721*	*München*
*Berlin ****	*1990*	*892*	*3.644.826*	*Berlin*
Brandenburg	*1990*	*29.654*	*2.511.917*	*Potsdam*
*Bremen ****	*1949*	*420*	*682.986*	*Bremen*

*Hamburg ****	*1949*	*755*	*1.841.179*	*Hamburg*
Hessen	*1949*	*21.115*	*6.265.809*	*Wiesbaden*
Mecklenburg-Vorpommern	*1990*	*23.214*	*1.609.675*	*Schwerin*
Niedersachsen	*1949*	*47.593*	*7.982.448*	*Hannover*
Nordrhein - Westfalen	*1949*	*34.113*	*17.932.651*	*Düsseldorf*
Rheinland-Pfalz	*1949*	*19.854*	*4.084.844*	*Mainz*
Saarland	*1957*	*2.589*	*990.509*	*Saarbrücken*
Sachsen	*1990*	*18.449*	*4.077.937*	*Dresden*
Sachsen - Anhalt	*1990*	*20.452*	*2.208.321*	*Magdeburg*
Schleswig -	*1949*	*15.802*	*2.896.712*	*Kiel*

Holstein				
Thüringen	*1990*	*16.202*	*2.143.145*	*Erfurt*

**** Stadtstaaten*

Staatliche Aufgaben von Bund und Land

Wenn man den föderalistischen Aufbau der Bundesrepublik genau betrachtet, muss man eigentlich neben Bund und Land auch noch die Kommunen bzw. Gemeinden betrachten. Sie sind Teil der Bundesländer und ebenfalls mit eigenen Kompetenzen betreut.

Jeder hat seinen Teil am Funktionieren dieses Staates beizutragen! Eine Änderung festgelegter Kompetenzen kann nur im gegenseitigen Einverständnis verändert werden!

Doch um welche Aufgaben handelt es sich im Detail. Mit klaren Oberbegriffen lässt sich dies sehr deutlich darstellen:

Aufgaben des Bundes (Auswahl):

<table>
<tr><td>Pflege der Auslandsbeziehungen</td><td>Naturschutz</td></tr>
<tr><td>Landesverteidigung</td><td>Kernenergie</td></tr>
<tr><td>Maßnahmen gegen Pandemien und Seuchen</td><td>Währungswesen</td></tr>
<tr><td>Regelung der Staatsangehörigkeit</td><td>Steuerrecht</td></tr>
<tr><td>Terrorismusabwehr</td><td>Regelungen Sozialversicherung</td></tr>
<tr><td>Grenzüberschreitender Warenverkehr</td><td>Zoll- und Grenzschutz</td></tr>
<tr><td>Überwachung Luft- und Schienenverkehr</td><td>Melde-/ Passwesen</td></tr>
<tr><td colspan="2">Bau und Unterhalt von Landstraßen und Autobahnen</td></tr>
<tr><td colspan="2">Aufsicht über Post- und Telekommunikationswesen</td></tr>
<tr><td colspan="2">Soziale Absicherung durch Arbeit (Agentur für Arbeit)</td></tr>
<tr><td colspan="2">Gesetzgebung bürgerliches und Strafrecht</td></tr>
<tr><td colspan="2">Regelung der Luftreinheit und Lärmbekämpfung</td></tr>
<tr><td colspan="2">Gesetzgebung für die Zulassung von Arzneien und Betäubungsmittel</td></tr>
</table>

Aufgaben der Länder (Auswahl):

Regelung der Beamtenbesoldung	Notarrecht
Presse- und Rundfunkrecht	Strafvollzug
Ladenschlussgesetzgebung	Demonstrationsgesetzgebung
Schul- und Hochschulgesetzgebung	Kulturelle Förderungen
Pflegeinfrastruktur	Polizeirecht
Gliederung der Kommunen	Verwaltung der Kommunen
Ausweisung von Naturschutzgebieten und deren Überwachung	

Aufgaben der Gemeinden / Kommunen (Auswahl):

► Organisation der öffentlichen Infrastruktur (Müllabfuhr, Straßenreinigung, Wasser- und Energieversorgung

► Öffentlicher Nahverkehr

► Kinderbetreuung durch Kindergärten oder -horte

► Bau von Schulgebäuden und deren Unterhaltung

► Auszahlung von Wohngeld über Hartz IV

► Bau und Betrieb von öffentlichen Sportanlagen

► Einrichtung und Pflege von Grünanlagen, Parks und Erholungsgebiete

► Bereitstellung von Notfallorganisationen

(Rettungsdienst, Katastrophenschutz, Feuerwehr)

▶Regionale Durchführung von Wahlen bzw. Volksentscheidungen

▶Bau- und Wohnungswesen

Regierungsarbeit in den Ländern, Gemeinden und Kommunen

Die Bildung der Regierung und die Aufteilung von Kompetenzen der Fachminister sind in den Bundesländern unterschiedlich geregelt.

So gilt z. B. das Modell des Bundes mit der Richtlinienkompetenz des Kanzlers nur in den Bundesländern Baden – Württemberg, Nordrhein – Westfalen, Schleswig – Holstein und Niedersachsen. In den restlichen Bundesländern haben dagegen die jeweiligen Parlamente (Senate) größere Machtbefugnisse als im Bund.

Die Regierungschefs der einzelnen Bundesländer werden zwar unterschiedlich benannt, haben aber die gleichen Machtbefugnisse.

Bundesland	Bezeichnung der Landesregierung	Besondere Bezeichnung des Parlaments	Bezeichnung des Regierungschefs
Bayern, Sachsen, Thüringen	Staatsregierung	Landtag	Ministerpräsident
Berlin	Senat	Bürgerschaft	Regierender Bürgermeister
Bremen	Senat	Bürgerschaft	Bürgermeister
Hamburg	Senat	Bürgerschaft	1.Bürgermeister
Restliche Bundesländer	Landesregierung	Landtag	Ministerpräsident

Die Landesminister (in den Stadtstaaten Senatoren) sind nahezu analog aufgestellt, haben eigenständige Kompetenzaufgaben und führen ihren Verwaltungsapparat. Auch hier kann es lediglich in der Ansprache der Minister Unterschiede geben. So heißt z. B. der zuständige Minister für Schule und Bildung in den meisten Bundesländern „Kultusminister", in den Stadtstaaten aber

„Schulsenator".

Auf Bundesebene sind die Bundesländer über den Bundesrat vertreten. Nach Artikel 51 GG steht jedem Bundesland ein Mindestanteil von 3 Stimmen zu. Bei einer Bevölkerungsdichte größer 2 Millionen gibt es einen Anteil von 4 Stimmen, größer 6 Millionen 5 Stimmen und größer 7 Millionen 6 Stimmen. Daraus ergibt sich folgende Zusammensetzung des Deutschen Bundesrates.

Bundesländer	**Stimmenanzahl im Bundesrat**
Mecklenburg - Vorpommern, Saarland, Hamburg, Bremen	Jeweils 3 Stimmen
Thüringen, Sachsen, Brandenburg, Berlin, Sachsen - Anhalt, Schleswig - Holstein, Rheinland - Pfalz	Jeweils 4 Stimmen
Hessen	5 Stimmen
Baden - Württemberg, Niedersachsen, Bayern, Nordrhein - Westfalen	Jeweils 6 Stimmen

In der Summe ergibt das einen Gesamtstimmenanteil von 69.

FINANZEN IN EINEM FÖDERALISTISCHEN STAAT

Alle Leistungen des Staates müssen selbstverständlich finanziert werden und da stellen sich sofort zwei altbekannte Fragen:

- ***Woher das ganze Geld nehmen?***
- **Wer bekommt was und wie viel?**

In dem föderalistischen Staatenbund der BRD müssen sogar drei Bereiche berücksichtigt werden, die eine Finanzierung ihrer Ausgaben benötigen. Zum einen gibt es die Ausgaben des Bundes (innerhalb und außerhalb der BRD), zum anderen müssen die Verpflichtungen der Länder, Gemeinden und Kommunen abgedeckt werden. Erschwerend kommt hinzu, dass alle Seiten in ihren Haushaltsaktivitäten und deren Finanzierung selbst verantwortlich sind.

Wie gelingt es also, eine Finanzierung aufzubauen, die es schafft, alle Seiten mit ausreichend finanziellen Mitteln auszustatten? Ganz einfach! Wenn alle von den öffentlichen Leistungen des Staates profitieren wollen, müssen sich auch alle an der Finanzierung beteiligen. Der einfachste Weg dafür sind Steuern und Abgaben. Und genau dies ist auch im Grundgesetz geregelt, und zwar im Artikel 105.

„ZITAT – ANFANG:

Artikel 105 (Auszüge):

(1)Der Bund hat die ausschließliche Gesetzgebung über die Zölle und Finanzmonopole.

(2a) Die Länder haben die Befugnis zur Gesetzgebung über die örtlichen Verbrauch- und Aufwandsteuern, solange sie nicht bundesgesetzlichen Steuern gleichartig sind……fff.

ZITAT – ENDE“

Mit diesem Grundgesetz ist genaustens festgelegt, wer die Kompetenz für die Erhebung von Steuern ausübt. Nur der Kompetenzträger darf eine bestehende Steuerform verändern oder sogar abschaffen. Er besitzt die sogenannte Gesetzgebungskompetenz. An folgenden Beispielen lässt sich diese Kompetenz deutlich machen.

Steuergesetzgebungskompetenz in der B R D (nur Auszüge)

Bund	**Land**	**Gemeinde**
Solidaritätszuschlag Tabaksteuer Kfz - Steuer	Zweitwohnungssteuer Vergnügungssteuer	Grundsteuer Gewerbesteuer

Um im Vorfeld zu vermeiden, dass sich Ausgabenlasten und Steuereinnahmen ungleich entwickeln, sind im Grundgesetz 104a – 108 die „Spielregeln" festgeschrieben. Hier wird geregelt:

- Wie Ausgabenlasten zwischen Bund, Land und Kommune verteilt werden
- Wer Steuergesetze verabschieden darf
- Wer welche Steuereinnahmen erhält
- Wie Ausgleichszahlen zwischen Bund, Land und Gemeinde geregelt sind
- Wer die Gerichtsbarkeit in Sachen Steuern besitzt

Wichtig!

Da Steuereinnahmen sowohl für Bund, Land und Kommune sehr wichtig sind, muss genau definiert sein, wohin die Einnahmen fließen. Es muss dabei beachtet werden, dass nicht nur Steuergelder,

sondern auch die Steuerlasten auf Bürgerinnen, Bürger und Unternehmen gerecht verteilt werden.

Steuerarten

Wenn man von deutscher Gründlichkeit redet, ist das Steuersystem der BRD vermutlich das beste Beispiel. Es ist nicht nur sehr komplex, sondern auch sehr umfangreich. Mehr als 40 unterschiedliche Steuerarten, unzählige Verordnungen und Abgaberichtlinien stehen den Steuerbehörden in unserem föderalistischen System zur Verfügung.

Etwas einfach dargestellt gibt es 5 Steuergruppen:

Steuerüberbegriff	Steuerart
Besitzsteuern	Einkommensteuer Körperschaftsteuer Gewerbesteuer Kirchensteuer
Verkehrssteuern	Umsatzsteuer Kraftfahrzeugsteuer Lotteriesteuer Luftverkehrsteuer
Verbrauchsteuern	Branntweinsteuer Biersteuer Energiesteuer Tabaksteuer

Örtliche Steuern	Hundesteuer Vergnügungssteuer Jagdsteuer
Zölle	

Um die Größenordnung der Steuereinnahmen einmal zu verdeutlichen, nachfolgend die Steuereinnahmen der B R D und die Verteilung auf Bund, Länder, Gemeinden und Europäische Union des Jahres 2019.

Der Gesamtbetrag der eingenommen Steuern 2019 betrug:

799,31 Milliarden €

Die Verteilung erfolgte wie folgt:

Bund	329,1 Mrd. €
Länder	324,5 Mrd. €
Gemeinden	114,9 Mrd. €
EU	30,9 Mrd. €

Zur Vermeidung großer finanzieller Unterschiede bei der Einnahme von Steuermitteln wurde im Artikel 107 GG folgendes geregelt:

Bundesländer mit hohen Steuereinnahmen zahlen

einen Ausgleich an Bundesländer mit niedrigen Steuereinnahmen. Dieses Prozedere wird als Bundesfinanzausgleich bezeichnet.

Mitbestimmen in Deutschland

WELCHE RECHTE HABE ICH?

Eine parlamentarische Demokratie kommt ohne die Bürgerinnen und Bürger des Landes nicht aus. Um ihre Interessen, ihre Meinungen und Ansichten, umzusetzen, wählen Sie in regelmäßigen Abständen Abgeordnete und Parteien für die Parlamente. Diese fungieren dann als Ihr verlängerter Arm. Das ist die einfachste Form der Mitbestimmung in einem Rechtsstaat.

EINE STIMME / IHRE STIMME ZÄHLT

Nutzen Sie Ihre Möglichkeit der aktiven Mitarbeit in einer politischen Gruppe, in einem Verband oder in einer Partei. Sprechen Sie mit Ihren Wahlkreiskandidaten. Informieren Sie sich über die Parteiprogramme der einzelnen Parteien.

Informieren Sie sich, wo immer es geht.

Gehen Sie wählen und arbeiten Sie auch aktiv mit. Nur so können Sie Ihren Beitrag dazu leisten, dass unsere demokratische Grundordnung erhalten bleibt. Gerade Deutschland hat leider in der Vergangenheit genau das Gegenteil erfahren müssen.

Sie haben es selbst in der Hand, aktiv an der Politik teilzunehmen!

Sie haben das Recht auf Mitbestimmung!

Mit Ihrer Stimme mischen Sie sich ein!

Sie haben ein Grundrecht zu wählen!

Ihre Stimme zählt!

Doch leider verpufft dieser emotionale Aufruf immer mehr. Erkennbar daran, dass die Wahlbeteiligungen immer weiter abnehmen. Das hat sicherlich mehrere Gründe:

- *Unzufriedenheit mit der politischen Ausrichtung.*
- *Protest gegen die Politik und den Staat im Allgemeinen.*
- *Das Gefühl, nicht mehr gehört zu werden.*
- *Verflechtung von Wirtschaft und Politik.*
- *Einflussnahme auf Politiker und deren Entscheidungen.*
- *Aussage: Die da oben nehmen mich sowieso nicht mehr ernst.*

Da gibt es sicherlich Gründe, die diskussionswürdig erscheinen.

- *Wie kann man es denn erklären, dass ein Spitzenpolitiker aus der Politik aussteigt und kurz darauf einen Vorstandsposten bei einem großen Unternehmen aufnimmt.*
- *Was soll man mit von der Tatsache halten, dass ein Politiker Privatreisen auf Kosten des Steuerzahlers unternimmt.*

Doch alle Gründe, die eine Wahlmüdigkeit rechtfertigen könnten, rechtfertigen nicht die politische, nennen wir es einmal Neutralität. Wenn Sie Probleme in diesem Staat verändern, müssen Sie selbst das Heft in die Hand nehmen und mit Ihrer Stimme dazu beitragen.

Im Folgenden erfahren Sie 10 Argumente, die ihr Mitbestimmungsrecht mittels einer Wahl rechtfertigen:

1. *Die Wahl ist Ihr Grundrecht!*

Im Artikel 20 Grundgesetz ist das allgemeine Wahlrecht bewusst von den Gründern der BRD hinterlegt worden. Nur so wird unsere Demokratie gesichert und das politische Mitwirken der Bürgerinnen und Bürger wird gewährleistet. Wir sollten stolz auf dieses Grundrecht sein. In vielen Ländern der Welt ist dies leider nicht umgesetzt.

2. *Nicht wählen unterstützt keine Demokratie!*

Das häufigste Argument der Nichtwähler ist: „Ich bin mit dieser Politik absolut nicht zufrieden“. Das ist ein Argument. Doch was erreicht man durch eine „Nichtwahl“?

NICHTS

Es wird sich damit auch zukünftig nichts ändern! Wenn man also das Bedürfnis hat, Veränderungen herbeizuführen, muss man seinen politischen Willen durch seine Stimme kundtun.

3. *Demokratie ohne Wahlen ist wirkungslos!*

In unserer Verfassung steht nicht umsonst, dass die Staatsgewalt vom Volk ausgeht. Doch dafür muss das Volk auch mitarbeiten, z. B. durch die Wahl seiner Vertreter in das Parlament.

4. *Jede Stimme ist wichtig!*

Wahlen dienen dazu, ein repräsentatives Bild der Gesellschaft zu erhalten. Auch wenn Ihre Stimme nicht dazu beiträgt, die politische Führung zu ändern, wird diese aber dazu beitragen, dass diese Führung nachdenkt. Nachdenkt darüber, warum der Zuspruch in der Bevölkerung nicht so stark ist, wie man es sich vor der Wahl erwünscht hat.

5. *Sie sollten politisch vertreten sein und gehört werden!*

Um Ihre politischen Ansichten deutlich zu machen, benötigen Sie einen Vertreter, der Ihre Interessen im Parlament vertritt. Diese Funktion kann Ihr gewählter Abgeordneter oder Ihre gewählte Partei einnehmen. Wenn Sie Ihre Ansichten direkt vertreten wollen, sollten Sie sich aber selbst aktiv um einen Platz im Parlament, Gemeinde- oder Stadtrat bemühen.

6. *Sie können Politik aktiv beeinflussen!*

Mit jeder Stimme nehmen Sie Einfluss auf die Politik. Schließlich steht jede Stimme für ein Meinungsbild. Auch Ihre!

7. *Sie können Verantwortung übernehmen!*

Es ist immer leicht gesagt: Gefällt mir nicht! Doch wenn es Ihnen gefallen soll, müssen Sie die Verantwortung übernommen, dafür zu sorgen, dass positive Änderungen auch umgesetzt werden.

8. *Wenn Sie nicht wählen, entscheiden andere!*

Jede Wahl ist das Gesamtbild einer gesellschaftlichen Meinung des Volkes. Jede Stimme, die nicht abgegeben wird, verändert nicht nur dieses Gesamtbild, sondern kann es sogar verfälschen. Sie können dann auch nicht klagen, wenn die politische Ausrichtung in der nächsten Wahlperiode nicht Ihren Vorstellungen entspricht.

9. *Auch eine ungültig abgegebene Stimme kann zählen!*

Jede abgegebene Stimme, ob gültig oder ungültig ist wichtig. Sie beeinflusst immerhin die Höhe der Wahlbeteiligung und auch dies kann aussagefähig sein. Unterstützung für Ihre politischen Vorstellungen können sie mit einer ungültig abgegebenen Stimme zwar nicht erreichen. Trotzdem sagt die prozentuale Höhe der ungültigen Stimmen deutlich aus, inwieweit die aktuelle Politik die Bevölkerung noch überzeugt.

10. *Eine hohe Wahlbeteiligung verhindert eine gesetzliche Wahlpflicht!*

Laut Grundgesetz ist eine Wahlbeteiligung nicht zwingend vorgeschrieben. Doch jede Demokratie ist auf Wähler angewiesen. Ohne Wähler ist keine Vertretung bürgerlicher Meinungen und keine demokratische Politik möglich. Die

Konsequenz wäre, per Gesetz von den Bürgerinnen und Bürger die Wahl einzufordern.

Doch das widerspricht jeglichem demokratischen Handeln.

BÜRGERRECHTE

Bei der Erklärung des Ausdrucks „Bürgerrechte" stößt man auf ein durchaus verwirrendes Thema. Zum einen sind Bürgerrechte für eine Demokratie von besonderer Bedeutung, zum anderen bringt man Bürgerrechte auch schnell mit dem Ausdrücken „Grundrechte" und „Menschenrechte" in Verbindung. Gerade Bürger- und Grundrechte werden häufig gleich betrachtet. Gleichwohl ist ihre genaue Definition unterschiedlich, obwohl alle Schnittstellen haben.

- ***Menschenrechte***

Bei den Menschenrechten spricht man von Rechten, die jedem Menschen auf der Welt, mit seiner Geburt, zustehen. Es spielen weder Geschlecht, Hautfarbe, Religion, Staatszugehörigkeit, in Gefangenschaft oder Freiheit lebend eine Rolle.

- ***Grundrechte***

Bei den Grundrechten handelt es sich um Menschenrechte, die in einer Verfassung eines Staates eingebunden sind. Sie sind Basis der demokratischen Grundordnung. Die besondere Bedeutung der Grundrechte zeigt sich in der Verfassung eines Staates darin, dass sie am Anfang der Verfassung festgehalten sind. Es ist der Hinweis, dass der Mensch das wichtigste Glied im Staat ist.

➢ ***Bürgerrechte***

Die Bürgerrechte sind ebenfalls Bestandteil der Verfassung eines Staates, gelten aber ausschließlich für Staatsbürger des Landes. Sie sind somit direkt mit der Nationalität des Menschen verbunden. Bürgerrechte sind die etwas feinere Ausprägung der Grundrechte.

In der B R D sind Bürger- und Menschenrechte in den Grundrechten zusammengefasst. Diese Grundrechte sind in den Artikeln 1 – 20 des Grundgesetzes aufgeführt. Dabei sind die Artikel 1 – 19 eindeutig ausgefertigt, während beim Artikel 20 schon unterschiedliche Interpretationen erfolgt sind. Dazu aber später mehr.

Nachfolgend Auszüge aus den Grundrechten Artikeln 1- 19 mit Überbegriffen und die geläufigste Kernaussage:

„ZITAT – ANFANG:

MENSCHENWÜRDE

Artikel 1, Absatz 1:

Die Würde des Menschen ist unantastbar. Sie zu achten und zu schützen ist Verpflichtung aller staatlichen Gewalt.

PERSÖNLICHKEIT

Artikel 2, Absatz 1:

Jeder hat das Recht auf die freie Entfaltung seiner Persönlichkeit, soweit er nicht die Rechte anderer verletzt und nicht gegen die verfassungsmäßige Ordnung oder das Sittengesetz verstößt.

GLEICHHEIT

Artikel 3, Absatz 1:

Alle Menschen sind vor dem Gesetz gleich.

GLAUBENSFREIHEIT

Artikel 4, Absatz 1:

Die Freiheit des Glaubens, die Freiheit des Gewissens und die Freiheit des religiösen und weltanschaulichen Bekenntnisses sind unverletzlich.

MEINUNGSFREIHEIT

Artikel 5, Absatz 1:

Jeder hat das Recht, seine Meinung frei in Wort und Schrift und Bild zu äußern und zu verbreiten…fff.

VERSAMMLUNGSFREIHEIT

Artikel 8, Absatz 1:

Alle Deutschen haben das Recht, sich ohne Anmeldung oder Erlaubnis friedlich und ohne Waffen zu versammeln.

VEREINIGUNGSFREIHEIT

Artikel 9, Absatz 1:

Alle Deutschen haben das Recht, Vereine und Gesellschaften zu bilden.

FREIZÜGIGKEIT

Artikel 11, Absatz 1:

Alle Deutschen genießen Freizügigkeit im ganzen Bundesgebiet.

FREIE BERUFSWAHL

Artikel 12, Absatz 1:

Alle Deutschen haben das Recht, ihren Beruf, Arbeitsplatz und Ausbildungsstätte frei zu wählen…fff.

STAATSANGEHÖRIGKEIT

Artikel 16, Absatz 1:

Die deutsche Staatsangehörigkeit darf nicht entzogen werden…fff."

ZITAT – SCHLUSS"

Die Artikel 1 – 19 sind von den Gründern der B R D so definiert worden, dass sie für den täglichen Alltag und das Miteinander uneingeschränkt Anwendung finden können. Nur der Artikel 20 GG, Absatz 4 ist aus einem anderen Grund verfasst worden. Hierbei handelt es sich um das sogenannte Widerstandsrecht. Dieser Artikel wurde weit nach Gründung der B R D in das Grundgesetz aufgenommen. Man hatte bereits 1949 darüber diskutiert, schlussendlich aber auf die Zertifizierung verzichtet. Man betrachtete diesen Absatz damals als Berechtigung für einen Volksaufstand. Erst 1968 waren die Verfassungsrichter bereit diesen Artikel in das Grundgesetz aufzunehmen. Er sollte ausschließlich für den Notfall gedacht sein. Aber genau mit dem Ausdruck „Notfall“ begann die Diskussion:

- Wie kann man den Ausdruck „Notfall“ definieren?
- Wer darf wie „Widerstand“ leisten?
- Ist dieses Grundrecht nicht doch der Aufruf zum Volksaufstand?

„ZITAT – ANFANG:

Artikel 20:

(1) Die Bundesrepublik Deutschland ist ein demokratischer und sozialer Bundesstaat

(2) Alle Staatsgewalt geht vom Volke aus. Sie wird in Wahlen und Abstimmungen und durch besondere Organe

der Gesetzgebung, der vollziehenden Gewalt und der Rechtsprechung ausgeübt

(3) Die Gesetzgebung ist an die verfassungsmäßige Ordnung, die vollziehende Gewalt und die Rechtsprechung sind an Gesetz und Recht gebunden

(4) Gegen jeden, der es unternimmt, diese Ordnung zu beseitigen, haben alle Deutschen das Recht zum Widerstand, wenn andere Abhilfe nicht möglich ist.

ZITAT – SCHLUSS“

Natürlich ist der Absatz 4 kein Aufruf zur Revolte. Es ist mit diesem Absatz auch nicht gemeint:

- bei politischer Unzufriedenheit oder
- bei einzelnen Rechtsverletzungen oder
- bei Gefahrguttransporten oder
- bei Abschiebungen von Ausländern oder, oder

umgehend die staatliche Ordnung zu vernichten.

Aufklärung zu diesem heiklen Thema geben die letzten 6 Worte des Absatzes:

Wenn andere Abhilfe nicht möglich ist

Nur wenn alle rechtlichen Mittel nicht dazu beitragen, die Situation zu verbessern, darf die Bevölkerung zu drastischen Mitteln greifen, um den Bestand der

Demokratie zu erhalten. Also nur im äußersten, wahrscheinlich nie eintretenden, Extremfall.

ORGANISIERTE MITBESTIMMUNG

Bürgerinnen und Bürger haben viele Möglichkeiten mitzubestimmen. Das gilt neben dem politischen vor allem für den wirtschaftlichen, aber auch den kulturellen Bereich.

Aus der Arbeitswelt kennt vermutlich jeder die Möglichkeiten, als Arbeitnehmervertreter (z. B. Betriebsrat) aktiv für seine Kolleginnen und Kollegen das Recht der Mitbestimmung wahrzunehmen.

Im kirchlichen Bereich steht Ihnen als Mitglied die Mitarbeit in den Kirchenvorständen bzw. den Ausschüssen zur Verfügung.

Im sportlichen Bereich können Sie als Vereinsmitglied im Vorstand mitarbeiten.

Also, es gibt jede Menge Möglichkeiten!
Wollen Sie aber politisch mitbestimmen, müssen Sie auch politisch beteiligen.

Die Mitbestimmung in einem demokratischen Staat funktioniert nämlich nur dann, wenn die Bevölkerung ihr

Mitbestimmungsrecht nutzt.

Mitbestimmung bedeutet aber auch Beteiligung!

Die politische Mitbestimmung (Beteiligung) hat die unterschiedlichsten Formen. Eine der einfachsten Varianten der Beteiligung ist der regelmäßige Gang zu einer Wahl. Angefangen von der Kommunalwahl bis zur Bundestagswahl. Aber selbst die Lektüre der politischen Themen in den Tageszeitungen ist eine Beteiligung. Verstärkt sogar dann, wenn Sie sich mit anderen Personen darüber austauschen.

Dadurch nehmen Sie an der politischen Meinungsbildung teil, ein wichtiger Aspekt einer parlamentarischen Demokratie.

Es gibt aber noch unzählig weitere Möglichkeiten, sich zu beteiligen. Entweder organisiert oder einfach initiativ. Einige mit wenig Aufwand, andere mit etwas größerem Aufwand.

Einige Beispiele:

Beteiligen Sie sich z. B. an Unterschriftaktionen!

Lediglich mit Ihrer Unterschrift nehme Sie bereits ein Grundrecht aus der Verfassung wahr. Im Artikel 17 GG steht:

„ZITAT - ANFANG:

Jedermann hat das Recht, sich einzeln oder in Gemeinschaft mit anderen schriftlich mit Bitten oder Beschwerden an die zuständigen Stellen und an die Volksvertretung zu wenden.

ZITAT – SCHLUSS"

Aus Ihrer Unterschrift und der von vielen anderen resultieren vielleicht Petitionen oder Bürgerbegehren und Bürgerentscheidungen. Alles Formalien, die ein demokratischen Staat zulässt, um Gesetze und Verordnungen zu ändern oder sogar zu verhindern. Also eine sehr effektive Mitbestimmung und alles nur mit einer Unterschrift.

Engagieren Sie sich in Umweltschutz- oder Menschenrechtsgruppen!

Zu den bekanntesten Umweltschutzgruppen gehören ohne Frage der „BUND" (Bund für Umwelt und Naturschutz Deutschland), „Greenpeace" und der „NABU" (Naturschutzbund Deutschland)

Zu den bekanntesten Menschenrechtsgruppen zählen „Amnesty International", „UNICEF" und „Reporter ohne Grenzen".

Diese Gruppen können bereits eine Vielzahl von Erfolgen vorweisen, mit denen politische Entscheidungen geändert oder ad acta gelegt wurden. Dafür braucht es aber engagierte Mitstreiter und sei es nur als zahlender Unterstützer.

Nehmen Sie an friedlichen Demonstrationen teil!

Schreiben Sie an Abgeordnete!

Suchen Sie die öffentlichen Sprechstunden Ihrer Abgeordneten auf!

Etwas mehr Engagement benötigen Sie, wenn Sie sich entscheiden, in Interessenverbänden oder Bürgerinitiativen mitzuarbeiten.

Interessenverbände bezeichnet man gerne als außerparlamentarische Parteien. Mittlerweile gibt es mehr als 5.000 Interessenverbände, davon mehr als die Hälfte mit bundespolitischen Interessen. Sie werben für Ihre Ziele im Regelfall über öffentliche Medien und erreichen dadurch die breite Masse der Bevölkerung. Sie unterhalten gute Kontakte zu Journalisten und treten auch mit eigenen Pressekonferenzen auf. Das schärfste Mittel, um Interessen zu vertreten, sind Demonstrationen und sogar Streiks.

Sehr oft gibt es enge Verbindungen zu einer Partei, die sie in Wahlkämpfen mit entsprechenden Veranstaltungen unterstützen. Ihre Ziele finden sich in den

Wahlprogrammen dieser Parteien wieder. Durch Ihre Verbindungen zu Parteien haben sie auch indirekt Zugang zu den Abgeordneten und den Parlamenten.

Bürgerinitiativen haben in ihren Anliegen im Regelfall nur ein einziges Ziel, das sie in der Öffentlichkeit mit großem Druck verfolgen. Sie werden dadurch häufig auch sehr kritisch betrachtet.

Die direkteste Form der Mitbestimmung erzielen Sie, wenn Sie sich politisch in einer Partei engagieren. In einer Partei, die verschiedene politische Strömungen aufweist, können Sie politische Lösungen erarbeiten und umsetzen. Sie können für ihre eigenen Vorstellungen kämpfen und dabei Verantwortung übernehmen. Vielleicht kandidieren Sie sogar für ein politisches Amt. Dann hätten Sie sämtliche Möglichkeiten politischer Entscheidungsträger zu werden.

Wahlkalender für die B R D bis 2026

WANN (IN WELCHEN ABSTÄNDEN) FINDEN WELCHE WAHLEN STATT?

Datum	***Bundesland***	***Organ***	***Wahl-peri-ode***
2020			
13.09.	*Baden - Württem-berg*	*Kommune*	*5 Jahre*
2021			
Frühjahr	*Hessen*	*Kommune*	*5 Jahre*
14.03.	*Baden - Württem-berg*	*Landtag*	*5 Jahre*
14.03.	*Rheinland - Pfalz*	*Landtag*	*5 Jahre*
25.04.	*Thüringen*	*Landtag*	*5 Jahre*

06.06.	*Sachsen – Anhalt*	*Landtag*	*5 Jahre*
Herbst	*Mecklenburg - Vorpommern*	*Landtag*	*5 Jahre*
Herbst	*Niedersachsen*	*Kommune*	*5 Jahre*
Herbst	*Berlin*	*Abgeordne-tenhaus*	*5 Jahre*
Herbst	*Berlin*	*Bezirksver-sammlung*	*5 Jahre*
Herbst	*Deutschland*	*Bundestag*	*4 Jahre*
2022			
Frühjahr	*Saarland*	*Landtag*	*5 Jahre*
Frühjahr	*Schleswig - Hol-stein*	*Landtag*	*5 Jahre*
Frühjahr	*Nordrhein - West-falen*	*Landtag*	*5 Jahre*
Herbst	*Niedersachsen*	*Landtag*	*5 Jahre*
2023			
Frühjahr	*Schleswig - Hol-stein*	*Kommune*	*5 Jahre*
Frühjahr	*Bremen*	*Bürger-schaft*	*4 Jahre*
Herbst	*Bayern*	*Landtag*	*5 Jahre*
Herbst	*Hessen*	*Landtag*	*5 Jahre*
2024			
Frühjahr	*Europäische Union*	*Europawahl*	*5 Jahre*

Frühjahr	*Baden - Württem-berg*	*Kommune*	*5 Jahre*
Frühjahr	*Brandenburg*	*Kommune*	*5 Jahre*
offen	*Hamburg*	*Bezirk*	*5 Jahre*
Frühjahr	*Mecklenburg - Vorpommern*	*Kommune*	*5 Jahre*
Frühjahr	*Rheinland - Pfalz*	*Kommune*	*5 Jahre*
Frühjahr	*Saarland*	*Kommune*	*5 Jahre*
Frühjahr	*Sachsen*	*Kommune*	*5 Jahre*
Frühjahr	*Sachsen - Anhalt*	*Kommune*	*5 Jahre*
Frühjahr	*Thüringen*	*Kommune*	*5 Jahre*
Sommer	*Sachsen*	*Landtag*	*5 Jahre*
Herbst	*Brandenburg*	*Landtag*	*5 Jahre*
2025			
offen	*Hamburg*	*Bürger-schaft*	*5 Jahre*
2026			
offen	*Bayern*	*Kommune*	*6 Jahre*

Quellenverzeichnis

https://www.bpb.de

https://www.juraform.de

https://www.bundesregierung.de

Eigene Quellen

Impressum

1. Auflage

Autor wird vertreten durch:

Yusuf Aydogdu

Lennestraße 28

58791 Werdohl

a.yusuf.kdp@gmail.com

Printed in Germany
by Amazon Distribution
GmbH, Leipzig

19273783R00073